长江商学院
社会创新思想与行动 2021

顾　问　项　兵教授　阎爱民教授　李海涛教授

主　编　杨晓燕　王　哲　闫　雯

中国财富出版社有限公司

图书在版编目（CIP）数据

无公益，不长江：长江商学院社会创新思想与行动.2021 / 杨晓燕，王哲，闫雯主编.—北京：中国财富出版社有限公司，2021.11

ISBN 978-7-5047-7546-7

Ⅰ.①无…　Ⅱ.①杨…②王…③闫…　Ⅲ.①慈善事业—研究—中国　Ⅳ.① D632.1

中国版本图书馆 CIP 数据核字（2021）第 198149 号

策划编辑　李彩琴　　**责任编辑**　张红燕　王才识　张　婷　杨白雪

责任印制　尚立业　　**责任校对**　孙丽丽　　**责任发行**　董　倩

出版发行　中国财富出版社有限公司

社　　址　北京市丰台区南四环西路 188 号 5 区 20 楼　**邮政编码**　100070

电　　话　010-52227588 转 2098（发行部）　010-52227588 转 321（总编室）

010-52227566（24 小时读者服务）　010-52227588 转 305（质检部）

网　　址　http://www.cfpress.com.cn　**排　　版**　宝蕾元

经　　销　新华书店　**印　　刷**　宝蕾元仁浩（天津）印刷有限公司

书　　号　ISBN 978-7-5047-7546-7/D・0185

开　　本　880mm × 1230mm　1/32　**版　　次**　2021 年 11 月第 1 版

印　　张　9.625　**印　　次**　2021 年 11 月第 1 次印刷

字　　数　240 千字　**定　　价**　68.00 元

2008 年汶川地震，长江商学院校友和员工通过各种渠道和各种形式捐款 4.3 亿元，占中国企业捐款总额的 7%；2013 年雅安地震，长江商学院校友和员工捐赠逾 2 亿元。

2009年，中国红基会长江公益基金成立，迄今为止募款超过6000万元，执行了扶贫、教育、环保等一系列公益项目。

手拉手点燃希望，红领巾伴我成长

2010年，长江商学院联合共青团中央启动“长江红领巾书屋公益计划”，在全国欠发达地区捐建书屋745个，受益儿童26万余人。

长江公益委员会于 2013 年 4 月成立，是长江公益的决策组织，致力于帮助长江商学院校友提升公益能力，推动社会创新与发展。

自 2014 年起，长江商学院首创校友公益课程，图为校友冯仑和长江商学院同学分享公益机构如何提升效率。

长江 EMBA 学员入学公益第一课，通过私董会的模式为公益组织能力建设和项目发展提供解决方案。

为了更好地激励长江商学院校友参与公益，首届长江公益奖于 2014 年启动，共创长江商学院校友公益文化。

第二届长江公益奖颁奖典礼暨 TEDxBeijing 公益创新沙龙在北京举行。

第三届长江公益奖颁奖典礼暨公益论坛在北京举行。

第四届长江公益奖颁奖典礼在深圳举行。

第五届长江公益奖颁奖典礼在北京举行。

第六届长江公益奖颁奖典礼在北京举行。

长江商学院EMBA、金融MBA、MBA、企业家学者项目等课程项目全面推出公益奖学金，至今，长江商学院已为数十位公益界领袖发放公益奖学金。

长江商学院自 2013 年起，每年发布长江公益年度报告，分享学院和校友的公益理念和实践经验。

2017 年 11 月，长江教育发展基金会正式启动。

长江商学院荣获中国 2017 年企业社会责任奖“思想领袖”荣誉称号。

在国家民政部直属《公益时报》主办的“2019 中国公益年会”上，长江商学院荣获 2019 年度“中国公益企业”，阎爱民教授荣获 2019 年度“中国公益人物”，李伟教授荣获 2019 年度“中国公益人物”。这是“年度公益企业”和“年度公益人物”两项年度公益大奖第三年花落长江商学院。

在 2019 年中国企业社会责任奖的评选中，长江商学院共获得员工敬业奖、女性影响力奖和脱贫致富奖三个奖项提名，最终以井冈山扶贫项目赢得了脱贫致富奖。

2019 年 10 月，长江商学院推出首个“社会创新与商业向善”主题海外课程，近 40 位同学共同问道伦敦，理解“商业向善”，通过企业的力量推动全球社会创新。

2019 年，长江商学院成立长江公益 101 咨询社。30 余位公益界校友担任咨询顾问，定制 6 大公益主题，为长江商学院校友提供公益志愿咨询服务。

长江商学院推出公益平台项目，实现优质公益资源与社会需求的有效对接，推进社会问题的解决。

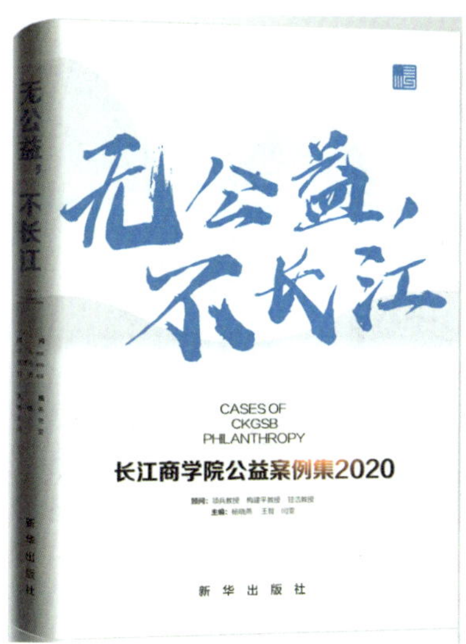

自 2018 年开始，长江商学院每年策划出版一部《无公益，不长江》，系统介绍长江人的公益创新行动与企业家精神，探讨社会问题的解决方案。

在由国家民政部直属《公益时报》主办的“2020 中国公益年会”上，长江商学院荣获 2020 年度“中国公益企业”。

在由国家民政部直属的《公益时报》主办的“2020 中国公益年会”上，项兵院长荣获 2020 年度“中国公益人物”。

长江商学院获评凤凰网行动者联盟 2020 公益盛典“年度十大公益企业”。

在由《南方周末》主办的“2020 中国企业社会责任年会”上，项兵院长获颁 2020 年度“责任先锋”。

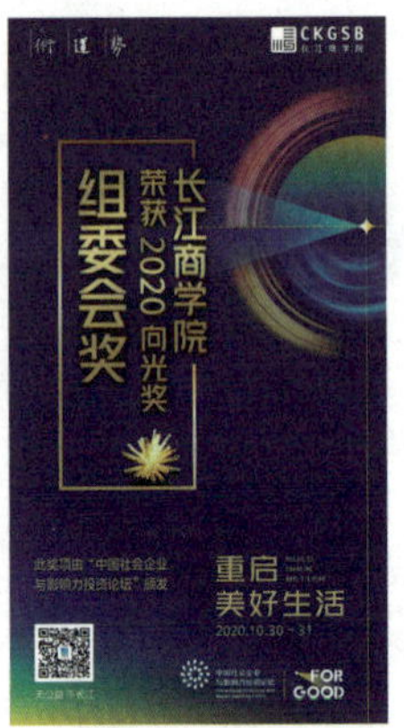

在中国社会企业与影响力投资论坛年会上，长江商学院获颁“2020 向光奖组委会奖”。

长江商学院市场营销学教授、社会创新与品牌研究中心主任朱睿和研究团队撰写的《未来好企业》一书获颁“2020 向光奖年度研究奖 Top3”。

长江商学院获颁由国务院扶贫办、人民日报社指导，人民网和《中国扶贫》杂志社颁发的“消费扶贫优秀案例”奖。

2017—2021 年，长江商学院和吉安市政府合作，实施了结合教育、民生、产业扶贫模式的精准扶贫和乡村振兴项目。开设“领航井冈”企业家研修课程，已培养当地企业家 150 名；捐建关爱老人儿童活动中心，帮助当地销售狗牯脑茶，助力吉安可持续发展。

助力脱贫攻坚
长江人在行动

长江商学院扶贫公益案例集

2020 年，长江商学院发布《长江商学院扶贫公益案例集》。

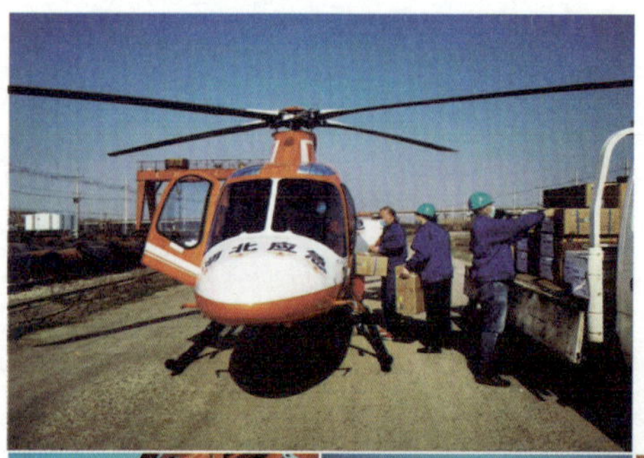

2020 年 1 月 25 日，疫情发生第一时间，长江校友官微发出倡议，呼吁长江商学院各校友组织、各班级、各位校友和校友企业尽己所能，助力武汉共渡难关。截至 3 月 10 日，据不完全统计，长江商学院各校友组织和班级向疫区累计捐赠资金和物资超过 1900 万元，长江商学院校友企业捐赠资金和物资逾 40 亿元。

武汉市江岸区新冠肺炎疫情防控指挥部

感　谢　信

长江商学院湖北校友会：

大疫之中有大义，大难之时见大爱。在我区抗击新冠肺炎疫情最艰难、最吃紧、最关键的时候，长江商学院湖北校友会率先垂范、鼎力相助，与卓尔公益基金会一道，大义援助从全国各地、从世界各地源源不断向湖北省武汉市江岸区而来，汇聚成为一条大爱奔涌激越的河流。在此，谨向长江商学院湖北校友会阎志会长、苏毅秘书长和贵院校友表示衷心的感谢，并

岸区的抗疫行动，一批批物资相继从全国、全世界抵达武汉江岸。湖北校友会阎志会长和秘书长苏毅更是全程参与，对接协调各地校友的捐赠。

新冠无情，校友有爱！药品告急，就捐送药品；缺医疗器械，就送高品质设备；生活要保障，校友就捐美味食品……北京校友、山东校友、湖北校友、MBA18 期海豹突击队、湖南校友、长江校友、长江澳新校友、长江加拿大校友用勇敢坚毅的援助行动和无私奉献践行长江人文精神，为我区新冠肺炎定点医院的物资保障和平稳运行提供了坚实的支撑，守护了湖北武汉人民的健康平安，为荆楚大地注入了温暖而强大的长江力量。

情深意重，山高水长。你们驰援武汉江岸，留下了金子般

2021 年，长江商学院 EMBA 项目推出社会创新与商业向善实践课程，目前课程已覆盖 EMBA 36 期 8 个班 535 名学员，EMBA 37 期课程已经启动。

2019 年 9 月 9 日，第一期长江公益大讲堂正式开讲。（图为武汉学院校董林倩丽、主讲人刘劲、主讲人何刚、武汉学院校董胡骏）

长江智造创业 MBA 首期班一氧化碳报警器捐赠项目，杨新胜在教当地民众如何使用一氧化碳报警器。

长江金融 / 中文 MBA“少塑生活家”项目，FMBA 2018 深圳班同学组织《塑料海洋》公益观影会。

长江商学院深圳校友会特殊儿童艺术教育项目，周勤龄（右一）与她的朋友们在新年慈善音乐会现场。

长江戈壁微笑 1+1 公益项目，与受助学生合影。

长江商学院香港校友会美丽中国赋能种子基金项目，参加“美丽中国”支教项目的师生。

郑州市郑东新区管理委员会

感谢信

长江商学院河南校友会：

2021 年 7 月 21 日，受极端天气影响，郑州市遭遇历史罕见特大暴雨，两天一夜降雨量远超历史记录，降雨时间之长，雨量之大，为历史罕见，郭家咀水库、贾鲁河等全线超警戒水位。暴雨肆虐、道路被阻断、庄稼被淹没、房屋被侵蚀，群众生产生活受到极大影响，人民财产造成巨大损失。

家园有殇爱无疆，洪水无情人有情！在抗洪救灾的关键时刻，广大救援队伍火速驰援各个受灾点，在极其艰苦的条件下，以踏石留印的作风，以事不过夜的效率，不顾个人安危，不计个人得失，全力投入救灾工作，让大爱光芒在洪峰浪尖熠熠生辉，为受灾群众早日恢复生产生活作出了巨大贡献。这种不怕吃苦、甘于奉献的精神生动阐释了一方有难、八方支援的大爱精神，彰显了中国特色社会主义制度显著优势，体现了中华民族大家庭的相互关怀，也必将进一步激发郑州人民齐心协力、共克时艰，打赢防汛救灾硬仗的信心和斗志！在此，谨代表郑东新区管委会，向前来救援的队伍和爱心人士表示诚挚谢意，并致以崇高的敬意！

艰难方显勇毅，磨砺始得玉成。当前所要面临的各项防灾救灾任务还十分严重，恢复生产刻不容缓，重建家园任重道远。但我们坚信，在党工委的坚强领导下，在各级各部门的竭诚关心下，在社会各界的帮助下，我们一定能够取得抗洪救灾和经济社会发展双胜利，郑东新区的明天一定更加美好！郑州的发展一定更加繁荣！

2021 年 7 月 27 日

2021 年 7 月，河南洪灾，长江商学院第一时间发出倡议并成立洪灾工作组，号召各校友组织、班级和校友企业调动资源抗洪救灾。截至 2021 年 8 月 2 日，据不完全统计，长江商学院校友企业通过各种渠道向灾区捐赠资金和物资近 13 亿元，其中长江商学院河南校友会接收来自全球长江商学院校友组织和校友的捐款 4828166 元。截至 9 月 10 日，长江商学院河南校友会已支出救援设备、物资和发放灾后救助金共 4821301.09 元。

序 言

今年，国家把实现共同富裕提到一个新的高度，要在高质量发展中促进共同富裕。这需要每个企业与机构对于自己的社会功能与价值做一个全面的审视、更新、变革与提升。把企业的社会功能与作用贯穿到企业的整个战略与管理之中，这已经成为企业生存与长期健康发展的一个必要条件。

作为非营利性教育机构，长江商学院创办的初心是为中国培养一批具有全球视野与全球担当、人文关怀及社会责任并拥抱创新、驱动创新的企业家，为我们的民族复兴做出自己应有的贡献。

从 2002 年 11 月 21 日——创办的第一天起，长江商学院便把“引领管理教育发展，培育新一代商界领袖精英，推动社会和谐进步”的社会功能置于核心位置，并围绕着商学院的社会责任及功能进行了一系列的思考、探索、实践与创新。

2005 年，长江商学院全球首创将人文课程系统引入商学教育，奠定了公益与慈善、企业社会责任以及社会创新的基石。我们认为企业家唯有具备同理心、恻隐之心、悲悯之心与感恩之心，唯有具有内生的向善与自觉的担当，才能铸就真正具有人文关怀和社会责任感的商业领袖。长江将人文课程系统引入管理教育，希望借此推动世界管理教育由“术”而“道”的变革。企业家要想赢得世界的真诚认同和真心尊重，在创造财富上要取之有道，在财富使用与处置上更要富有责任感与人文关怀。

2010 年，长江商学院把公益及慈善课程带入学位课程，聚焦培育企业领军人物以及职业经理人的公益捐赠意识。2010 年，首创设立 48 小时公益学时制度，要求所有 EMBA 学员必须修满 48 个公益学时方可准予毕业。2017 年，公益学时制度也应用于 MBA 项目。2014 年，再度首创性地将公益慈善课列为 EMBA 的开学第一课。同时，长江首创公益奖学金（2002 年）、长江公益基金（2009 年）、长江公益奖（2014 年）等引领式创新，不断拓展商学教育逻辑，重视财富使用的公益与责任，倡导“无公益，不长江”。我们希望企业家们能把他们丰富的管理经验与能力带到解决社会问题的项目中，再通过他们手中的资源及影响力产生“杠杆效应”，把这种理念拓展到企业、家庭乃至全社会。

2016 年，长江商学院将社会创新课程系统引入管理教育。这是长江商学院重视商学教育社会功能并引领世界管理教育创新的又一项创新。2018 年起，将“社会创新课程”列为 EMBA 项目必修课。倡导企业不仅仅为了创富，也要为解决社会发展问题而探索创新，推动构建和谐社会。

2017—2021 年，长江商学院与吉安市政府合作，联合当地企业、长江校友企业及长江商学院各方力量，摸索出一条“政府 + 产业 + 当地企业 + 长江商学院 + 校友生态体系”多位一体的社会创新新路径，可持续地帮扶老区脱贫。2019 年 4 月，吉安市遂川县正式退出贫困县，至此吉安 5 个贫困县全部脱贫摘帽成功。截至 2021 年，长江商学院“领航井冈”课程培训吉安企业家 150 名，助力当地经济和社会可持续发展。

在长江商学院社会创新与公益文化的推动下，长江校友在全球抗击新冠肺炎疫情行动中，体现出了极大的担当精神与人文关怀。截至 2020 年 4 月，长江商学院校友企业累计捐赠逾 40 亿元。2021 年 7 月，河南灾情，长江商学院各校友企业、校友组织和班级第一时间行动起来，调动资源抗洪救灾。截至 2021 年 8 月 2 日据不完全统计，长江商学院校友企业通过各种渠道向灾区捐赠资金和物资近 13 亿元。“无公益，不长江”已经成为超过 17000 名长江商学院校友的学习和生活方式，也是长江商学院文化的重要 DNA。

面向未来，我们认为，应对日益严峻的重大社会问题（收入与财富分配不均、社会流动性下降与阶层固化）以及可持续发展问题，仅仅依靠政府、企业、社团组织、公民社会及国际组织单一的力量和单打独斗的方式是很难解决的。这两大社会问题需要社会各类机构及力量的跨界通力协作才能有效地解决。社会创新的核心是通过跨界协作来整合社会资源，以寻求重大社会问题的解决之道。

长江希望一步一步建立一个培养重视社会创新的新生代创富力量的全球生态体系。把中国发展模式的经验以及长江商学院培育和推动新生代创富力量的创新及探索推广到全球，为应对收入和财富分配不均、社会流动性下降与阶层固化这两个世界性重大问题，贡献中国解决方案和中国智慧。希望长江在社会创新领域的努力和探索、创新与实践，能为国家实现共同富裕提供思路，做出长江人应有的贡献。

项兵博士

长江商学院创办院长、中国商业与全球化教授

导言

“此生无悔入华夏”是每一位中华儿女对祖国的深切表达。我们幸而生于国家和平高速发展的年代，可以通过自己的努力去实现梦想。当疫情来袭，洪水入侵，我们每个公民伸出救援的双手，聚沙成塔，每一份微弱的力量汇聚成为人性的光芒。

“此生无悔入长江”，这是参与疫情救援的一位长江校友的感慨，相信这句话代表了很多长江校友的心声。在长江，有人实现了事业的辉煌，有人收获了一生的友谊，有人通过运动重塑自我，而每个人，都将公益与责任融入了自己的血液。公益，已经成为连接长江人的纽带。

2021年7月，河南水灾发生时，长江各校友组织、班级慷慨捐赠，河南校友会第一时间成立了182人的救援队，抗击灾情。当了解到甘肃边远地区的农民烧煤引发一氧化碳中毒时，长江智造创业项目的同学化身“报警侠”，跨越千里进村入户为贫困家庭捐赠守卫生命防线的一氧化碳报警器。当面对全球变暖、塑料垃圾污染时，长江MBA的同学发起“少塑生活家”项目，号召“让少塑成为多数”，提倡每个人将“少塑”融入生活，成为一个在日常行为中践行环保理念的生活家。企业家学者项目的同学们义务为武汉学院的大学生上人生课，用多年沉淀的经历、思想、智慧为大学生答疑解惑、指路领航。香港校友会长期关注内地儿童的教育，成立“种子赋能基金”，帮助更多教师可持续地开展课外活动，同时也能让乡村儿童体会到和城市孩子相同的丰富课外生活。深圳校友会通过“大长江”携手“小长江”，以艺术为媒共同参与公益，帮助盲童通过艺术疗愈增强对生活的信心。

以上是长江校友过去一年的部分公益案例，同时也是长江公益奖的获奖项目，所有公益项目中的长江人都将所发现的社会问题和各自的核心优势有机结合起来，通过创新的理念和企业家精神，推动公益的效率和可持续性，为受益人赋能，推动改变的发生。

爱国实业家卢作孚曾说：“学校不是培育学生，而是教学生如何去培育社会。”作为一家拥有超过 17000 名优秀企业家的商学院，长江商学院重任在肩。如何引领这些拥有财富、处于社会金字塔尖的企业家超越财富的创造，进而关注财富的整体循环和散财之道，关注社会问题并提出解决方案，推动社会创新，为实现共同富裕贡献力量是长江商学院过去 19 年来一直在思考和实践的问题。

很多新同学讶异于来到长江的第一门课不是金融或管理，而是公益课。这体现了长江商学院向同学们传递的价值取向，也是长江商学院重要的战略方向。希望通过“公益第一课”，长江的同学能够更加清晰地理解财富的意义，如同《财富的福音》一书所讲述的，所谓富人并非真正拥有财富，而是社会财富的托管者，明智地花钱比赚钱还要难。正如项兵院长对长江同学的期望：从 rich life(富足的生活) 走向 enriched life(丰盈的人生)。

在朱睿教授“社会创新与商业向善”的课堂上，同学们需要探讨如何将企业的核心业务与社会问题结合，除股东利益外，如何实现员工、供应链、社区、环境、社会公益等一系列问题；同时，学员还将在导师帮助下，结合自身业务，在企业进行商业向善的实践。

为打造校园公益文化，从 2014 年起，长江商学院已经连续七年举办“长江公益奖”，每年评选出年度长江公益人物和年度长江公益项目。迄今为止，共计收到 810 个申请，每一份申请的背后都是长江校友组织、班级、拓展队和校友个人因爱而行、持之以恒的公益足迹，都是长江人之间相互启发，共生协作的公益故事。点滴积累之中，推动企业家及其企业向善而行。

自 2010 年起，长江 EMBA 全球率先推出公益学时制度，所有学员需完成 48 个公益学时才能毕业，将企业家精神与企业家的智慧、专业技能和管理能力注入社会问题的解决方案中，使其资源和影响力产生“杠杆效应”。通过不懈的公益践行，使学员感受到生命的丰盈是公益的奖赏，利他带来的快乐更加持续和满足，每个人努力而发生的微小改变亦会带来巨大的成就感。在 EMBA 项目实践成功的基础上，2017 年起，长江 MBA 课程也推出了公益学时制度，更加年轻的学员用青年特有的方式和热血，去为他们感兴趣的社会问题寻求解决方案。公益学时制度的设立，使得公益内化成为长江人的一种生活方式。

任何全球复杂社会问题的解决，须倚靠政府、企业、非营利组织共同协作，发挥各自优势，社会创新的核心是通过跨界协作来整合社会资源，寻求社会问题的解决之道。长江希望搭建这样一个平台，因此在建校之初就设立了公益奖学金制度，迄今已有近百名中国公益界的领袖汇入长江，与企业家学员一道，跨界协作，共同探求社会问题的解决方案。

通过以上一系列课程和制度设计以及公益文化的培养，长江商学院希望企业家校友能够由术而道，知行合一，永远保有一颗向上、向善之心，为社会的发展做出长江人的贡献。

今年的《无公益，不长江：长江商学院社会创新思想与行动2021》是长江商学院出版的第四本案例集。除了公益奖的获奖项目案例，我们还将邀请学者和公益领域实践者探讨关于共同富裕、社会创新等重要主题，期望能与社会各界同人一道，为社会的发展贡献力量。

感谢项兵院长、阎爱民教授、李海涛教授、朱睿教授在内的所有长江教授的理论研究和言传身教；感谢长江公益委员会和各校友组织及班级公益委员传播长江的社会创新与公益理念，使其在各地生根发芽；感谢每一位长江人用自己的行动始终如一地践行着“无公益，不长江”的长江文化。感谢拿起这本书阅读的你，让我们一起“美人之美，美美与共”。

杨晓燕　王哲　闫雯

目 录

上　篇

以社会创新促共同富裕

无公益，不长江

项兵：全球视野下的共同富裕——聚焦高品质包容性创富

2021 年 8 月 17 日召开的中央财经委员会第十次会议指出，共同富裕是全体人民的富裕。促进共同富裕，要着力扩大中等收入群体规模，提高发展的平衡性、协调性及包容性。习近平同志强调，要在高质量发展中促进共同富裕。

在全球视野下观察分析现有发达国家的共同富裕路径与实践，可以发现实现共同富裕的复杂性、艰巨性和长期性。共同富裕的前提是创造大批的高收入就业机会，新时代下，更高品质、更有包容性的创富需要进行多方面的调整与变革。

实现共同富裕的复杂性、艰巨性、长期性

实现共同富裕是一个系统的、复杂而漫长的过程。

首先要跨越中等收入陷阱成为高收入经济体，然后需要在社会、政治、经济、教育、卫生、文化、生态、科技等方面实现全面进步与综合发展，跻身于发达国家。

而在发达国家的阵营中，也仅有少数发达经济体实现了共同富裕。

从过去经验来看，跨越中等收入陷阱的成功率非常低；中国特有的国情以及在全球大变局的发展背景下各种复杂因素叠加，可能进一步加大中国跨越中等收入陷阱的难度。

回顾第二次世界大战以来的世界经济发展情况，成功跨越中等收入陷阱的经济体数量很少。

根据 2012 年世界银行和国务院发展研究中心共同发布的报告《2030 年的中国：建设现代、和谐、有创造力的社会》，1960 年被世界银行列为中等收入的 101 个经济体中，截至 2008 年，仅有 13 个国家和地区进入高收入行列，成功地跨越了中等收入陷阱。

从这个研究报告来看，跨越中等收入陷阱的挑战难度不容低估。

中国国情与全球大变局叠加，可能加大了中国跨越中等收入陷阱所面临的挑战。

第一，中国人口基数大，这样一个人口大国实现橄榄型社会结构所需要的高质量就业机会的数量是史无前例的。加上老龄化不断加深，人口结构上有未富先老的压力。人口负增长的可能趋势也加大了这一难度。

第二，中国目前存在的比较严重的收入与财富不均问题也是跨越中等收入陷阱的一个障碍。

第三，中国的市场经济体制与机制尚未成熟，法治建设也有待完善。

第四，1960 年以来成功跨越中等收入陷阱的经济体，全部得到了美国的大力帮助和扶持。从当前中美关系及未来预期看，美国帮助中国跨越中等收入陷阱的可能性不大。当下中美关系中的美国可能会有碍中国的跨越。

第五，如火如荼的颠覆式科技（尤其是人工智能）的发展带来机器替代人力的趋势，可能深刻影响就业的结构，打造高收入、高品质就业机会难上加难。

对此，笔者在《关于中国跨越中等收入陷阱的思考》一文中有详细讨论。

虽然国际组织对发达国家的定义不尽相同，但都涉及以下标准：除了人均国民生产总值，还包括工业化水平、生活品质，以及人类发展指数（预期寿命、成人识字率、人均 GDP 的对数）。

以第二次世界大战后韩国发展的过程为例。

1994 年韩国人均 GDP 已超过 1 万美元，1996 年加入经合组织（OECD）。而后受到亚洲金融危机的影响，在 1998 年人均 GDP 回落到 8000 多美元。2006 年人均 GDP 超过 2 万美元，韩国已成功跨越中等收入陷阱，迈入高收入国家行列。

自人均 GDP 首次突破 1 万美元后至今，不仅人均收入，韩国在社会、卫生、文化、教育等方面也取得了长足的进步。根据《人类发展报告 2020》，韩国以 0.916 的人类发展指数排名第 23 位，被划入拥有“极高人类发展水平”的组别。一直到 2021 年 7 月，联合国贸易和发展会议正式认定韩国为发达国家，这也是 1964 年以来的首例。

发达国家之中真正实现共同富裕的不多。

目前来看，能够实现共同富裕的经济体，包括欧洲的几个发达国家（如北欧四国、瑞士、德国等）、日本、澳大利亚、加拿大等。这些实现共同富裕的国家的特点是健全的市场经济体系与具有浓厚社会主义特色的、比较成熟而全面的社保体系相结合。

美国作为全球唯一的超级大国，即便拥有发达的市场经济，独步全球的创新能力和引领世界的公益、慈善社团组织及公民社会，到目前为止也没有很好地解决共同富裕问题。

从这一点讲，健全的市场经济和发达的、公平公正的、全面的社保体系是实现共同富裕的两个必要条件。

近 40 年来，在新自由主义，经济的全球化、金融化、虚拟化，以及颠覆式科技等多个变革力量的共同作用下，多个发达国家出现了中产阶级比例下降的现象。

将来，全球大变局中颠覆式科技带来的变革、世界经济发展模式的不平衡，再叠加上疫情的影响，或将会加剧市场机制带来的收入与财富不均。

因此，政府的再分配之手变得愈发重要。有鉴于此，笔者判断将来社会主义会风靡全球、越来越多的经济体将拥抱和践行更为完善而强势的社保体系。

在全球大变局以及疫情后的世界新秩序中，仅依靠市场经济加上社会主义社保体系的“组合拳”来实现与维持共同富裕，或许会力不从心。将来，应对日益严峻的重大社会问题（收入与财富分配不均、社会流动性下降与阶层固化）以及可持续发展问题，仅仅依靠政府、企业、社团组织、公民社会及国际组织单一的力量和单打独斗的方式是很难解决的。

面对一系列问题以及未来颠覆式科技带来的新的变革，这些重大社会问题的真正解决需要“第三只手”——社会创新来积极配合市场的“无形之手”和政府再分配的“有形之手”。因此，未来全方位的社会创新在共同富裕之中将扮演更为重要的角色。

在全球大变局下，实现与维持共同富裕的挑战越来越大，其艰巨性、长期性和复杂性绝对不容低估。

目前，共同富裕在国内受到高度关注，引发了深入而广泛的讨论。需要指出的是，共同富裕不是均贫富，更不是劫富济贫，而是政府强调的高品质创富。无可置疑，高品质的、包容性的创富是跨越中等收入陷阱、打造中产阶级占大多数的橄榄型社会结构以及共同富裕的一个先决条件。

在全球大变局和中国发展新时代背景下，如何更好地创造高品质与高收入的就业机会，为共同富裕作出贡献，值得探讨。

打造高品质就业机会及包容性创富需要多方面调整变革

打造高品质的就业机会、形成中产阶级占大多数的结构，有助于中国实现稳定健康的长期发展、达成共同富裕的战略目标。

2011 年，笔者在《伟大商业机构与打造中产社会》一文中分享了对此的关注：需要高度重视培养中国的中产阶层，进而形成“中产阶层社会”，这是中国构建和谐社会的经济基础所在。

为此，政府与社会各界应高度重视伟大商业机构的打造。我们需要众多的超越家族的商业机构给其员工带来世界级的收入，同时也给股东带来世界级的回报。

从这个角度来说，伟大商业机构对社会的一个核心责任就是为社会打造中产阶层。

而包容性创富的基石则是企业家和企业家精神。

第一，聚焦实体经济，打造更多高品质的就业机会，需要以全球视野学习与借鉴不同国家的高端制造模式。

改革开放以来，中国制造业取得了显著成就。2010 年，中国制造业增加值超过美国，成为全球第一。目前中国是唯一拥有联合国产业分类中全部工业门类的国家。2020 年，制造业占中国国内 GDP 的 26.18%，是第二大经济支柱。根据国家统计局的数据，2018 年中国制造业劳动力规模为 1.04 亿人。

作为国民经济的压舱石，中央高度重视实体经济的发展。从共同富裕的角度来考虑，如何在实体经济中创造一批具有高附加值的就业机会？

目前国内制造业门类齐全、产业链完整。未来通过转型升级，在制造业和实体经济中为中国创造更多的高附加值就业机会，可能是一个重要的聚焦点。这需要我们在全球范围内进行全面的学习和借鉴。

德国有诸多世界级的企业，如大众、西门子、巴斯夫、宝马等。德国前总理科尔认为，“发达的职业教育是德国经济在战后崛起的关键”。德国制造的背后，其独具特色的“双元制教育”值得关注。所谓双元制教育，即教育体系中理论与实践相结合，平行进行，学生在学校中接受专业理论和基础文化知识培训，并在企业中接受职业技能培训。与此同时，德国中小企业的竞争力在全球亦独树一帜，为德国提供了 70% 以上的就业。它们之中佼佼者虽名不见经传，却在各自的行业内占领全球市场的主导甚至垄断地位，被称为全球“隐形冠军”。德国有超过 1300 家“隐形冠军”，对德国制造出口作出了重大贡献。具有强大竞争力的“隐形冠军”，为德国创造了一系列高附加值的就业机会。

高端制造也为日本创造了大批高收入就业机会，这可能得益于日本近年来在基础研究的整体突破，世界级的科技创新以及其独特的“工匠精神”与传承，日本培育出一批有口皆碑的世界级大型企业以及诞生了大量高附加值就业机会的家族企业。

“中国制造”实现从低附加值的加工组装向高端制造的转型，德国模式或许具有更为直接的可借鉴性。

短期之内培育日本的“工匠精神”的挑战可能比较大，相比之下，重视优秀技工培养的德国模式更容易被学习。如何借鉴德国模式，可能需要政府、企业和教育机构等社会各方面团体的合作，需要进一步的思考和研究。

中国的制造业目前还有相当一部分集中在笔者所谓的非主流行业，也就是劳动密集、科技含量相对不高的行业，如服装服饰、生活用品、通用零部件等。

意大利在这一领域高附加值就业机会的打造上就值得我们学习与借鉴。以鞋业为例，中国和意大利均为鞋业出口大国，但是价格差异显著。据《世界鞋业年报》统计，2019 年，意大利鞋平均出口单价为 57.11 美元 / 双，位居全球首位。与此相比，中国鞋均价仅为 4.72 美元 / 双。

意大利制造讲究品位与格调，拥有众多的世界顶尖设计师，以其创新的设计引领行业发展趋势。

不论是产品设计、品牌打造、材料、工艺的沉淀、持续改进与传承，还是奢侈品培育与管理的理念上，意大利在多个行业的高附加值模式（在时装、高端箱包、鞋业、眼镜、家具等行业）可以为我们产业的转型和升级带来许多启发。

美国也是制造业大国强国。2018 年，美国制造业增加值的全球占比仅次于中国。取势于其在基础研究与科技发明上引领全球的优势、领先的企业管理与治理体系、打造世界级品牌的独到能力，美国也诞生了一大批世界级制造企业。根据全球知名的广告传播集团 WPP 发布的 2020 年全球品牌 100 强榜单，美国独占 51 席，中国以 17 席位居第二。

在颠覆式科技出现的今天，尤其是 AI 时代的到来，对全球制造业带来巨大挑战。面对这一新浪潮，中国制造业需要做好准备，在全球学习的同时也要学会拥抱科技带来的数字化转型变革。

第二，需要更多的中国企业摒弃“向下思维”，转至“向上思维”，从价格竞争走向价值竞争。

中国制造业目前的成就得益于多重因素：充沛的人力资源、相对低廉的人力成本、对环保的不够重视（在发展初级阶段）、不断完善的基础设施、大批熟练的技术工人、学习曲线及规模优势、产业集群带来的范围经济优势，以及积极拥抱全球化并承接全球产业链转移带来的历史性机会等。

成本优势为中国制造业目前的成就奠定了基础，作出了历史性贡献。面向未来，这一竞争模式与思维可能存在诸多局限性。

这种笔者称之为“向下思维”的打法可能阻碍制造业的进一步发展和转型升级。向下是有限的，向上是无限的。

中国企业的“向下思维”为全球消费者带来了众多性价比较高的产品，为遏制全球通胀作出了决定性贡献。但是，这种“向下思维”主导的行业几乎都是中产阶级的“埋葬场”。价格战主导的竞争结果是行业中大批高附加值就业机会以及中产阶层的消失。

“向下思维”的行业，最后的成功者自身也没有足够的财力在核心技术以及品牌上作出必要的投入，在员工利益、环境保护及社会责任方面同样力不从心。

制造业的转型升级需要更多的中国企业摒弃“向下思维”，转至“向上思维”，在加大基础研究与科技创新投入、重视管理流程与理念创新、加强产品的设计与体验和品牌建设及渠道创新等方面，提升中国制造企业的价值获取能力，进而从价格竞争转向价值竞争。

只有这样，中国企业才能创造一大批高收入就业机会，为共同富裕作出更大的贡献。

第三，加强基础研究及提升科技创新转化为生产力的能力。

基础研究的强大是实体企业在核心技术取得整体突破的一个先决条件。

习近平同志指出，我国基础研究虽然取得显著进步，但同国际先进水平的差距还是明显的。

诺贝尔奖得主数量可以作为基础研究水平对比指标之一。从诺贝尔奖基础科学（物理学、化学、生理学或医学）的得主看，截至2020年，美国有305位，英国、德国、法国、日本分别有89位、57位、35位和18位。在主要发展中国家，俄罗斯有25位得主，印度有6位，中国与巴西则分别只有1位。

中国在基础研究上的进步相对较慢，可能有多种原因。毋庸置疑的是，这与基础研究的投入、大学以及科研机构的治理与管理、创新性科研人才的培养体系以及行业从业人员心态都有关系。如有好奇心驱动才能带来足够的耐心和定力，有更多的研究人员可以长期对问题进行深入而细致的研究，做到锲而不舍、心静如水、水滴石穿。

此外，中国的企业、教育和科研机构如何在治理与管理机制上做出必要的调整与创新，吸引全球最优秀的高端科研人才加入中国的教育、研究机构和企业?

这需要超越“以中国应对全球”，建立“以全球应对全球”的发展思路。集天下英才为我所用，才更有可能尽快缩小中国在基础研究上的差距，站在全球科技创新的最前沿。

同时，中国也需要提升科技创新转化为生产力的能力。

20余年来，中国实现了渐进式的技术发展和进步。

从专利申请数据看，2002年，中国专利办公室接收本国居民专利申请量近4万件，到2019年，这一数字大幅升至124万余件。近年来，中国公司也扩大了在美国和欧洲申请专利的范围和数量。《全球创新指数》显示，中国的创新排名已处于全球前15位，且在本国专利申请量、实用新型、商标、外观设计和创意产品出口等领域保持着世界第一的地位。

应该看到，目前中国科技创新水平取得了令人自豪的进展。

但是，中国需要建立一个更为完善的产学研一体化的生态体系，以便更为有效地推动科技进步向生产力转化、助力打造高附加值就业机会。在这方面，我们与美国相比还存在着差距。

从近年独角兽公司的特点也可以看出这一点。美国不仅总量更大，更重要的是，美国的独角兽公司更多是创新驱动，在科技创新转化为生产力方面做得比较好。

根据 CB Insights 发布的《全球最有价值独角兽》，2015—2020 年，美国和中国分别诞生了约 230 家和 130 家独角兽公司，约占全球总数的 70%。其中，在 2020 年的 510 家独角兽公司中，美国公司占比为 49%，中国公司占 24%。

值得注意的是，美国独角兽公司提供了更多原创的、具有一定全球可复制性及可借鉴性的创新，一直是被模仿和学习的对象，如早期的谷歌、脸书，近年来的优步、奈飞。

虽然中国独角兽公司数量仅次于美国，位居第二，但大部分中国独角兽企业仍然处在复制、学习与借鉴的阶段。

第四，“月球看地球”的俯视思维与大风流创新。

根据笔者多年的观察，现有的共同富裕模式可能存在两大局限。

一方面，和中国相比，它们缺少不断涌现的经济上新生代创富力量；另一方面，相较于美国，它们缺乏引领式的大风流创新。而大风流创新是目前美国独有的、可以创造大批高收入就业机会的一个重要渠道。

部分美国公司以其大风流创新引领世界潮流，为世界提供新的产品和解决方案，开辟新的行业和生态体系，能够做到给员工带来世界级工资，同时给股东带来世界级回报。比如，2019 年，谷歌员工年平均薪资约为 25.8 万美元，脸书为 24.7 万美元，奈飞为 20 万美元。

在过去取得的巨大发展成就之上，取势于全球大变局和中国新时代，未来，中国有条件、也有可能成为继美国之后第二个能产生大风流创新的国家。

目前，字节跳动已经以其短视频和推荐算法风靡全球，引得脸书等公司效仿，并在全球范围内（包括在发达国家）雇用了 10 万员工，在全球创造了许多高收入机会。

在“洋务运动”以来所形成的仰视思维之下，我们时常局限于“中学为体，西学为用”和“西学为体，中学为用”的争议之中。在这种仰视思维下，中国企业以往主要是聚焦拷贝与追随，少有做到原创、超越和引领。

面向未来，在过去成功的基础上，我们有条件也有可能打造一批大风流创新的企业。

我们需要有“月球看地球”的俯视视野，同时在全球视野下通过价值对接来进行全球资源整合，聚焦解决世界发展的重大问题，以彰显中国企业在新时代下的全球责任与担当。以源自中国的，具有全球可复制性、可借鉴性，并引领全球的商业模式、管理理念模式、科技与发明创造以及社会创新，为全球重大发展问题的解决贡献中国智慧与方案。

基于俯视思维与全球担当的组合，希望中国像美国一样，涌现一批又一批的大风流创新企业。这些企业能够带来诸多高附加值的就业机会，为打造中产阶层占主导地位的社会结构作出贡献。

第五，完善企业群体结构。

笔者在 2019 年撰文《企业制度群体结构及优化》指出，企业是现代经济发展的中坚力量，企业的整体强大是实现共同富裕的一个基石。

拥有一批竞争力、创新力和价值创造力突出的世界级企业，是实现共同富裕的一个必要条件。

世界上的企业类型各异，笔者按企业所有权和经营权分离的程度，在 1997 年将企业大致分为三类：家族型（A 类）、现代企业制度型（B 类）和国有型（C 类）。

在此制度分析框架下，笔者提出了“企业制度群体结构”的理念。

欧美及日本发达国家的企业群体构成主要是家族企业型（A 类）和现代企业制度型（B 类）。中国目前以家族企业（A 类）和国有企业（C 类）为主。

纵观全球，重要的发达经济体如美国、英国、日本、德国等，其企业制度群体结构基本是“A 类 +B 类”的组合。这些发达国家的一个共同特点是诞生了一批超越家族所有与控制的，管理权与所有权分离的，具有一定全球竞争力和影响力的，创造了大批高收入就业机会的 B 类企业。

在创富的包容性方面，B 类企业具有独特优势。尽管 B 类企业的 CEO 与员工之间收入差距仍然很大，但是相较于 A 类企业，在创富的包容性方面更为平衡。A 类企业所有权高度集中，企业家与员工之间财富差异更大。

作为东亚首个高收入国家，也是东亚经济体中唯一拥有一批 B 类企业的国家，日本在企业群体结构上的现代性及合理性可能是其在二战后经济快速发展、实现全民中产阶级与共同富裕的一个必要条件。

B 类企业在人才竞争上也更具优势。美国企业在管理和科技创新上的领先，很大程度上得益于天下英才为我所用的人才优势。B 类企业的存在与发展有利于中国企业整合全球最优秀的人才。

相比 B 类企业，家族企业（A 类）受制于家族影响及相关的所有权限制，外部精英人才在家族企业中经常会碰到职业发展的“天花板”。而国有企业（C 类）受制于治理体系和薪酬激励难以和国际接轨的短板，也很难做到广泛吸引天下英才。

过去 40 多年的改革与开放，中国企业制度群体结构实现了以 C 类为主到 A 类与 C 类共存的变化。

面向未来，为了更好地整合全球人才，中国需要大力发展现代企业制度为特征的 B 类企业。

面向未来，加快培育一批 B 类（现代企业制度型）企业，形成一个“A 类 +B 类 +C 类”组合的具有中国特色的企业制度群体结构，对于打造一个中产阶层占大多数的社会结构、跨越中等收入陷阱、促进共同富裕，具有非常现实的战略意义。

面向未来，新的一轮放松管制，可能为中国创造新的高附加值就业机会释放新空间，如金融、电信、石油、石化等领域和产业。

新的一轮颠覆式科技的出现，同样会带来新的一批高品质就业机会。随之而来的挑战之一，是如何在创富的同时做到更具包容性。

B 类企业的发展与培育、构建更为合理的企业群体结构，对于实现共同富裕会起到积极而重要的作用。

第六，企业价值取向的调整。

全球企业价值取向方面各有不同。过去美国信奉的“股东价值最大化”风靡全球。在当今复杂的政治经济文化变革的浪潮之中，这种过度聚焦股东利益的模式逐渐跟不上时代的发展要求。

2019 年 8 月 19 日，181 家美国顶级公司首席执行官在华盛顿召开的美国商业组织“商业圆桌会议”（Business Roundtable）上联合签署了《公司宗旨宣言书》。包括贝佐斯、库克等在内的引领美国商业的CEO 们集体发声：美好的社会比股东利益更重要。

日本企业则是以员工、客户、供应商以及股东利益的平衡而著称，日本企业的这种价值取向对于其形成全民中产阶级社会及共同富裕作出了重要贡献。

以德国为代表的“莱茵资本主义”，也非常重视员工利益而不仅是聚焦股东利益。

日德企业价值取向相比于美国，相对中庸和平衡。

CEO 与员工薪酬比率也体现了这一点，根据彭博社 2018 年的一项统计，在上市公司中美国 CEO 薪金与员工中位薪资的比率为 265，德国为 136，日本为 58。

2021 年，入围世界 500 强的中国企业总数超越了美国，这是中国经济一个可喜可贺的成绩。

面向未来，需要有更多的中国企业更加重视和聚焦员工利益、环境保护及社会责任。

我们不仅要关注企业的规模，更要重视打造更多的高品质就业机会，给员工带来世界级的工资与待遇。

面向未来，我们招商引资的着眼点可能也要做一些调整，需要更多地关注吸引的投资与项目是否可以创造更多高附加值就业机会。

价值取向的调整，还需要关注到财富的使用与配置。实现共同富裕，也需要企业家从财富的整个循环上，也就是为何经商、如何经商以及如何使用财富三个方面，对财富整个循环的社会功能进行新的界定。

未来，全球各经济体的企业价值取向仍会各有不同，但企业价值取向的多元、平衡、包容以及积极向上的社会功能是不容置疑的。

在全球，尤其是中国在共同富裕的长期目标之下，这要求企业从战略定位上，重新认识及界定新时代下的企业社会责任、社会功能、社会目的，将企业的社会性穿透到企业的整个管理执行过程之中，并在未来的社会创新中扮演积极重要的角色。

第七，全球视野与责任、学习和借鉴、价值对接与资源整合。

在全球经济一体化如此深入的今天，中国已成为近 130 个经济体最大贸易伙伴。尽管要面对当下逆全球化与反全球化的浪潮，但是无可置疑，中国下一步的发展、繁荣和共同富裕、高附加值的就业机会的打造，需要更多的中国企业以全球视野进行学习和借鉴，更好地整合全球资源。

虽然今天入围世界 500 强的中国企业总数超越了美国，成为世界

第一，但绝大部分上榜的中国企业主要局限在本土市场，很少能在全球主流市场和主流行业占据重要甚至主导地位。字节跳动、华为可能是少数例外。

将来中国真正实现共同富裕，可能需要培育一批能够在全球赚大钱的实体企业和可以管理全球财富的金融企业，这也是为中国创造一大批高质量就业机会的重要途径。这需要中国企业在全球视野下修炼全球价值对接能力，提升全球资源整合能力。

纵观全球，实现共同富裕的复杂性、艰巨性、长期性不容低估。

以儒家经济圈为参照。韩国在 20 世纪 90 年代跨越中等收入陷阱后，经过 20 多年的奋斗才刚刚迈入发达国家，但与共同富裕尚有差距。日本是儒家经济圈中（也是东亚经济体中）率先实现了全民中产阶级的共同富裕的经济体。日本的全民收入倍增计划、B 类企业的崛起、企业的价值取向的多元（尤其是员工利益优先、高度重视企业社会责任及价值）等特点值得我们关注。

从过去的经验来看，成功做到共同富裕国家的共同特点和必要条件是成熟而完善的市场经济（“无形之手”）和发达而几乎全覆盖的社保体系（“有形之手”）相组合。

成熟而完善的市场经济是造富与创富的根本。《2021 年政府工作报告》指出，“充分发挥市场在资源配置中的决定性作用，更好发挥政府作用，推动有效市场和有为政府更好结合。”

在市场经济的进一步完善上，首先要让市场在资源配置中起到决定性作用。

其次，构建起“亲”和“清”的政商关系，为企业创造公平竞争的市场环境。公平竞争是实现创新驱动、产生高附加值工作机会的一个前提条件。

再次，面向未来，我们需要在多方面进行调整和变革聚焦打造一大批高附加值的就业机会，为实现共同富裕作出贡献。要做到这样的高品质造富，核心是继续培育、重视与弘扬企业家精神。企业的成功与企业家精神是高品质创富和共同富裕的基石与前提。

最后，我们也要加大在社保体系的投入，逐步改进和完善社保体系，使改革发展成果更多、更公平透明地惠及全体人民。

在此基础之上，还要更加重视社会创新。通过社会创新来跨界整合社会资源，使之成为新时代下有效解决重大社会问题的一个重要推手和有效补充（第三只手）。

本文作者　**项　兵（长江商学院创办院长、**

中国商业与全球化教授）

阎爱民：企业家要有上进之心和向善之心

2021 年 8 月 17 日，中央财经委员会第十次会议召开。这次会议所提出的共同富裕和三次分配的大政方针正在引领新的发展方向。会议指出，要坚持以人民为中心的发展思想，在高质量发展中促进共同富裕，正确处理效率和公平的关系，构建初次分配、再分配、三次分配协调配套的基础性制度安排，加大税收、社保、转移支付等调节力度并提高精准性，扩大中等收入群体比重，增加低收入群体收入，合理调节高收入，取缔非法收入，形成中间大、两头小的橄榄型分配结构，促进社会公平正义，促进人的全面发展，使全体人民朝着共同富裕目标扎实迈进。

新的大政出台之后，企业也纷纷积极思考与行动。越来越多的企业家在思考如何通过履行社会责任来助力共同富裕。作为商学院社会创新的引领者，长江商学院又将如何引导企业家校友参与第三次分配，助力共同富裕？为解答企业家关心的问题，我们专访了长江商学院副院长、管理学教授阎爱民。

三次分配的核心作用

问：中央提出要在高质量发展中促进共同富裕，正确处理效率和

公平的关系，构建初次分配、再分配、三次分配协调配套的基础性制度安排。据您研究，中央在此时提出共同富裕和三次分配的制度安排，这里针对的核心问题是效率与公平，也就是“把饼做大”和“如何分饼”的关系，这个问题的侧重点在发生了怎样的调整?

阎爱民：在十几年前，无论是理论界还是政府，已经在思考“效率与公平”这两者如何平衡的问题。一种观点认为，“饼”还不够大，要把“饼”继续做大，因为“饼”不够大的话大家就分不到多少；另一种观点认为，收入分配不均以及贫富差距的问题已经比较明显，应该把“饼”分好。当时，前者的观点占据了上风。所以，此后十余年，持续了“让一部分人先富起来”的政策，我们国家的主攻方向是把“饼”继续做大。这个政策非常有效，中国的经济总量已超百万亿元。

此次中央财经会议提出共同富裕，说明如何分“饼”的问题在现阶段已经变得非常重要。从一个辅助性的数据来看，现在中国的基尼系数在 0.465 到 0.467，1995 年的时候是 0.389。同时，东西部和城乡收入差距也较为突出。在这个时候，公平与共同富裕就更加重要了。

问：构建初次分配、再分配、三次分配协调配套的基础性制度安排，那么在分配机制中，他们的关系应该是怎样的?

阎爱民：这三次分配，解决的是不同的问题。

第一次分配，就是凭借效率，实现市场的竞争，或者自由的竞争。在个人层面，个人聪明又有能力，找到一份好工作，收入就会高一些。在企业层面，企业具备良好的战略和组织资源，竞争实力更强，就会脱颖而出，经营收入就会更高，企业的所有者如股东和高级管理人员受益就会比较多。第一次分配对应的结果，如果不加管制肯定会出现贫富不均。从理论上来讲，任何社会都存在贫富不均，但问题是谁该富，谁该贫。比方说，因为懒惰导致贫穷，就不应该抱怨。如果是因为发展的不平衡和机会的不平等而带来的相对贫穷，这就必须采取解决的措施。由此也就产生了第二次分配。

第二次分配是政府通过征税来解决公正、公平、平等的问题，任何一个有效的政府都必须这样做。第二次分配涉及两方面，收入和支出。政府向企业或高收入人群征税，对税收收入再分配以解决民生问题，一方面向人们提供人人平等受益的公共服务，另一方面也通过公共开支向相对贫穷的人口倾斜。

大多时候，我们认为只有这两次分配就足够了。但是从长远来看，实际上这是不够的。面对贫富不均的问题，政府不可能向企业或高收入人群征收太高的税，否则会对生产积极性造成影响。于是，道德的力量得以凸显。在传统经济学里，道德是一个非常重要的维度，就像亚当·斯密在完成众所周知的著作《国富论》之前，就已经完成了同样重要的著作《道德情操论》，可惜没有引起足够的重视成为主流。现在国家和社会的财富创造得足够多了，就需要充分运用道德的力量来进行第三次分配。当然既然是道德的力量，就应当以自愿为前提。

三次分配相辅相成、相互依存。

德行或可量薄厚，善举无须论重轻

问：那么，最新提出的第三次分配，其主体是谁？是不是以企业和企业家为主？

阎爱民：现阶段，企业家这些先富起来的人群要带头参与第三次分配。企业家都是改革开放的受益者，应当对国家和社会心存感恩，对回馈社会承担一份天经地义的责任。此外，企业家在经济能力、教育水平、认知能力、国际化程度等方面都拥有更好的条件，他们投身公益也是必然的。所谓能力越大，责任越大，从这个意义上来讲，企业家在第三次分配中应当起带头作用。

与此同时，我认为一个健康的社会，不仅仅是富裕人群对社会问题有所关注，而是所有民众都应当积极关注社会问题，各自做出力所能及的贡献，不一定是金钱，也可以是非财务的贡献，如志愿服务。在欧美国家，70% 的捐赠来自个人，而在中国，个人捐赠只占 16%。

做公益并不是少数人做大事，而是多数人做小事。我曾经写过一首诗，其中有这样两句：德行或可量薄厚，善举无须论重轻。人人皆可公益，每个人都做出自己的努力，就是尽心行善。个体的努力集合起来，就是整个社会向善的力量。

捐赠的价值对接

问：您怎么看这些年企业和企业家的慈善捐赠发展态势？其呈现出哪些特点？

阎爱民：这些年来，慈善捐赠大致有以下几种发展趋势。

第一种趋势是灾害对应的捐赠。大的灾害往往伴随着大体量的捐赠，譬如去年的新冠肺炎疫情和今年的河南水灾。这可能因为中国人更讲感情，悲天悯人的情怀引发了慷慨的捐赠情绪，就会有捐赠行动。在灾难面前，社会的显微镜和放大镜常常会放在富人的身上，他们的表现会受到更多的关注，捐赠会被视为责任的试金石。危难之时的捐赠当然有其价值，但从长远来看，善举不应仅仅出现在特殊时刻，还应该在日常生活之中。

第二种趋势是当前舆论往往会去追究企业家善举的动机。其实，只要是辛勤劳动所得，他们的捐赠对社会是有益的，就无须对捐赠者的动机穷追不舍。企业家无论是捐给谁，只要是有需求的人因此受益，解决了社会问题，对社会有帮助，这些善举都是高尚的行为。当然，进一步思考，为什么有的捐赠捐给了 A，不捐给 B？我认为一定有其道理，捐助方跟受捐方在某些价值上实现了彼此认同，形成了价值对接。例如，受捐方所做的某些事情，可能是帮助捐助方实现自己不能实现的梦想，所以他们愿意捐助。

问：现在社会也有一种担忧，就是三次分配的慈善捐赠，能否继续保持“自愿”的原则。您认为应如何正确认识三次分配的定位？

阎爱民：第三次分配的行为必须是自愿的。如果不是自愿的，就变成了第二次分配的再分配。如果很多企业家面临捐赠压力，这样的公益就不可持续。例如，平时捐款，大家开玩笑说，你一个经理别瞎捐，老板还没捐呢；知道老板捐多少钱后，看一看再捐，不要超过领导的捐款额。这就是压力。我以为，其一，谁捐多少都不要公布，这样大家都不会有压力。其二，捐款完全是由衷的，如果家里正好有困难，不捐钱或者捐一块钱都是可以的，每个人都应当出于自愿，不要让捐赠形成一种社会压力。在自愿的基础之上，捐赠所达成的目标应该是个人、家庭或企业想要解决而无法解决的社会问题，实现自己想要实现却无法实现的梦想，或者政府暂时无法顾及或者没有成熟政策的社会问题，从而形成价值对接，实现利他与利己的统一，或者形成对政府公共服务的补充。举个例子，我以前在波士顿大学当教授，一个华人企业家来找我，他希望给波士顿大学捐一笔钱，但不知道用来做什么。同时他告诉我，他在美国经商始终有一个困扰，华人企业家常常被认为不按规矩出牌，他问我这是普遍现象吗？我跟他讲，他的捐赠可以支持成立一个商业道德与商业伦理的研究所，专门研究不同文化背景下的商业伦理表现。这就帮助他完成了自己想做而做不了的事情，同时又解决了多元文化下商业伦理的问题。

把社会创新融入企业战略

问：改革开放之后，伴随着市场经济和现代企业的快速发展，您认为企业履行社会责任以及企业家公益经历了哪些发展阶段？其主要特征是什么？

阎爱民：我认为，过去四十年，企业家做公益经历了四个阶段。

第一阶段，企业家赚到钱后，看到哪里有需要资助，遵从善心，直接捐一些钱，捐了之后就不再持续关注，对后续结果没有太多要求。

第二阶段，企业家开始关注长期性的事情，对于自己关注的某个社会问题进行持续资助。例如，捐赠希望小学后，会继续看看需要哪些新的支持，除了校园硬件建设的支持，还会关注学生的受教育质量怎么样，他们的心理健康状况怎么样，以及毕业升学和自我发展等一系列问题。这就不再是一次性的资助支持，是多次性、长期性的行为，往纵深方向发展的支持。

第三阶段，企业家介入那些他们自己真正意识到的某种价值，然后对应捐赠支持，有些不是仅仅靠钱就能解决的问题，而是需要依据某种价值观，真正关注和投入。例如，很多环境问题，就是价值的问题，不仅需要用钱来解决，还需要不断以身作则来参与和倡导。

第四阶段，企业公益所做的事情是“授人以鱼，授人以渔”，就是说不能让受助者永远成为受助方，而是必须让他们改变状态，提升他们的能力，也就是我们常说的“赋能”，进而可以参与竞争，成为有竞争能力的一分子。我们长江商学院在甘肃瓜州做了“长江公益善果枸杞”项目，帮助当地的农民种枸杞、生产枸杞、销售枸杞，整个过程涉及技术、设备、设计、平台和渠道等，这些都由我们的校友企业来支持。有了市场竞争力，农民收入因此而增加很多。更重要的是，他们在我们的支持下成立了合作社，可以独立经营，参与市场竞争，而且显现出了很大的竞争优势。我们长江商学院还在江西吉安帮助农民种植当地特色农产品狗牯脑茶，帮助他们形成产业链，从养茶、采茶、产茶到销售、品茶这一套流程。吉安当地土生土长的企业，其规模比较小，市场能力不足，但又拿不出钱来商学院学习，我们就和吉安市政府合作了“领航井冈”企业家研修班，为他们提供奖学金，每年资助 30 位当地企业家，提升他们的经营管理能力。5 年时间里，已经有 150 名当地企业家完成学业，其中部分企业已经发展成为上市公司。

问：在国家提出共同富裕之后，腾讯和阿里巴巴两大互联网企业都提出拿出 1000 亿元来促进共同富裕，据您观察，这会成为一种趋势吗？

阎爱民：我既希望它成为一种趋势，又不希望它成为一种趋势。

从何种意义而言希望它成为一种趋势呢？这些企业家都是改革开放的受益者，个人财富实现了相当的积累。无论从善心的角度，还是从社会环境的角度，拿钱出来促进共同富裕都是可歌可颂的，都是值得鼓励的。那么，为什么又不希望它成为一种趋势呢？就是说支持促进共同富裕，未必要等到某种契机再做，而是应该平时就持续做，使之成为日常经营的一部分，而且把这些考量作为商业模式的一部分。所以说，对这些有能力的企业拿出钱来促进共同富裕，不管是什么模式，我都是赞成的。但从长远、可持续的角度来说，就不仅仅是需要钱的时候捐出来，而是日常就应该考虑捐出来，主动去观察哪些社会问题需要解决，并且利用企业的优势为这些社会问题提供解决方案和支持。这是一个健康的企业参与第三次分配的趋势。

问：对于大中小不同量级的企业参与第三次分配，您有哪些建议？

阎爱民：企业参与第三次分配，是向善的力量。社会应该促进他们由衷地拿出钱来，这种自愿机制是非常重要的。只要是由衷地，企业应量力而行，有多大能力就捐多少，不能比较绝对数额，否则就不公平。只要是尽自己所能，我们都要为之点赞。当然对中小企业来说，更重要的是企业自身要积攒力量做大做强，把企业做大了以后就会更有能力来捐赠。

问：在参与第三次分配中，企业以及企业家的慈善捐赠，如何做得更有效益？实现解决社会问题的最大化？

阎爱民：第一，所有的公益慈善行为都要做到透明，善款怎么捐、怎么用，这个过程必须透明。第二，要尊重捐赠人的意愿，他们捐赠的目的是什么，必须严格遵循，实现价值的对接。第三，公益机构的管理，确实需要相当多的管理之道，要做到管理有效，可以向营利组织学习，尝试用企业的管理方式来管理非营利组织。当然，非营利组织的价值理念也给了营利组织很多可供学习和借鉴的内容，这是一个双向的互动。例如，在灾害救援的时候，许多捐赠物资就一直堆在仓库里，公益组织没有进行有效的运营管理，就会造成公益资源的浪费，捐赠人看到后也会丧失信心。除了对物资的管理，对所获得的捐赠资金也应当进行积极理财或投资，否则也是对公益资源的浪费。

企业家要有上进之心和向善之心

问：我们知道您很早提出企业家要“完成从利己到利他、利众生、利社会的升华”的教育理念，这与共同富裕的大政是怎样的契合？这一教育理念对长江校友有哪些推动？

阎爱民：共同富裕是从国家、社会角度出发的宏观政策。从利己到利他、利众生、利社会，这是从个体的角度出发，也属于共同富裕里的一个过程。如果绝大部分个体都能做到从利己到利他、利众生、利社会，相信共同富裕就会逐渐实现。无论是社会的发展，企业的发展、个人的发展，都是有阶段性的，不同阶段的人会有不同的考量。中国的改革开放四十多年的时间，第一代企业家都是从苦日子过来的。新一代的企业家，包括我们长江商学院的学生，再过十年、二十年，都有可能完成从利己到利他、利众生、利社会的升华。只要是一个善良的人，在事业获得持续发展的过程中，都会考虑财富的归宿。所以从利己到最终实现利社会应当是一个自然而然的过程。

企业对社会有责任，社会对企业也有责任。社会对企业的责任是，要保护和支持那些向善的、有责任心的企业和企业家。例如，那些诚实守信而又有责任意识的企业生产的产品，我们会不会优先购买？对于守社会规则，承担社会责任，推动社会创新，不断给社会、给他人创造价值的企业，要让他们多赢利。这应该成为一个正向循环。这些企业所履行的社会责任，所做的社会贡献，要使之成为他们业务模式和竞争战略的一部分，得到客户和社会认可，由此创造更多利润。这样整个市场就会形成一个正向的闭环，整个社会就会更加健康和积极。

总结一下，主要是两点。第一，从提出政策的初衷来看，第三次分配不是均贫富。企业是改革开放的受益者，要对今天的成就有感恩之心。第二，企业和企业家应当积极参与第三次分配。企业家人群必须关心这个大政方针，尽力做出自己的贡献。同时积极参与第三次分配也会给企业带来正向的价值。企业家既要有上进之心，在竞争中取胜，同时又要有向善之心，拿出部分利润帮助有需要的人，助力实现共同富裕与社会公平。

问：长江商学院一直重视社会创新和公益，是商学院社会创新的引领者，在共同富裕的时代要求之下，长江商学院未来会继续推出哪些新的引领？

阎爱民：这是一个很好的问题，我们也在思考这个问题。

第一，从长江商学院做公益的角度，近年来，长江商学院配合国家精准扶贫的政策，在甘肃、江西、河北等地做了一些扶贫的公益项目。现在精准扶贫已经取得阶段性胜利，长江商学院更多地在关注和讨论乡村振兴的问题。例如，我们和江西吉安讨论革命老区的乡村振兴，号召我们的校友积极参与，继续帮助革命老区实现可持续发展，向全面小康迈进。

第二，从学生教育的角度，不仅仅是教他们捐钱、出力，同时要教他们如何在企业主业上下功夫，让社会创新和公益成为企业发展战略的一部分，把向善的力量融合进企业产品和服务当中去。例如，现在政府提出碳中和、碳达峰的政策，企业参与减排的承诺与行动，煤炭等化石燃料的消耗就会受到规范和限制，企业通过创新的方式填补新的市场需求，就是在引领社会创新。再比如，目前中国电商已经发展到相当成熟的阶段，如何帮助偏远的农村地区，把当地的优质农产品以好的价格售卖出来，既让当地农民受益，也让消费者享用到更优质的产品等。每一个企业家都应当思考在企业的主营业务中有机嵌入公益和社会责任的元素。就像长江商学院的朱睿教授一直是学院社会创新研究的带头人，无论是学术研究还是实践行动，都推动了许多创新和发展。相信在新征程的道路上，长江商学院将会涌现出越来越多的教授关注共同富裕和社会创新，推动长江的社会创新和公益事业进入下一个阶段。

长江商学院本身是一个非营利教育机构，我们自身就是公益事业的受益者。所以我们更能感觉到一种责任，运用我们的理念作为杠杆，发挥我们对企业家校友企业影响力，使我们的学生更有善心、善能，拿出更多的资源去帮助有需要的人，有效解决社会问题，推动共同富裕。

本文作者　宋厚亮

朱睿：如何发展“第三次分配”？

第三次分配最早是中国经济学家厉以宁教授在其 1994 年出版的《股份制与市场经济》一书中提出来的。他认为第一次是由市场按照效率原则进行的分配；第二次是由政府按照兼顾公平和效率的原则、侧重公平的原则，通过税收、社会保障支出等这一收一支所进行的再分配；第三次是在道德力量的推动下，通过个人自愿捐赠而进行的分配。

党的十九届四中全会明确将慈善事业纳入推进国家治理体系和治理能力现代化的整体框架，提出了“重视发挥第三次分配作用，发展慈善等社会公益事业”的重大命题，将慈善作为分配制度的组成部分，提升了慈善事业在经济社会发展中的地位。

党的十九届五中全会进一步对这个重大命题作了阐述，提出要“发挥第三次分配作用，发展慈善事业，改善收入和财富分配格局”，明确了现阶段中国慈善事业发展的社会功能和定位，也为未来慈善事业的发展和更好地发挥作用指明了方向，表明党中央对慈善工作的重视程度越来越高，对慈善事业寄予厚望。

改革开放以来，特别是党的十八大以来，我国财富的第三次分配取得了长足的发展。

《中华人民共和国慈善法》构建了制度框架、提供了基本法律保障。慈善事业规模持续扩大，不仅在教育、医疗、助残、养老、救灾等方面发挥了重要的补充作用，还在社会治理、社会文明建设方面发挥了积极的推动作用，特别是在脱贫攻坚战等重大战略任务和新冠肺炎疫情防控等重大事件中做出了重大贡献。

由于诸多原因，慈善事业在发挥作用方面还遇到不少障碍，如社会认知度不高，专业能力需要培养，社会募集资金增速有限，参与社会治理的水平也有待提升。这样的现状既不利于国家治理体系和治理能力现代化的推进，也不利于社会主义现代化国家的建设和发展。

充分发挥第三次分配的作用，需要在体制机制、政策建设等诸多方面不断改革创新。

中国社会正在发生的深刻变化

2017 年，党的十九大报告指出，中国社会的主要矛盾已经转化为人民日益增长的美好生活需要和不平衡不充分的发展之间的矛盾，这一科学论断蕴含着丰富的内涵，体现出中国社会在经济发展、企业家的崛起、社会问题和价值观方面的重大变化。

第一，经济快速增长，城镇化进程加快改变了社会结构和社会关系。

2020年我国国内生产总值从1978年的3678亿元增至101.6万亿元，稳居世界第二位，对世界经济增长的贡献率超过30%。同时人均国内生产总值在2019年、2020年连续两年突破人均1万美元，成功由低收入国家跨入中等偏上收入国家行列。

经济的飞速发展推动了我国的工业化和城镇化进程。如今，中国已经从一个农业大国迅速成长为世界第一制造业大国。

我国工业增加值从改革开放初期的1621.4亿元增至2020年的31.31万亿元，城镇人口由1978年的1.7亿元增至2020年的9亿元，城镇化率达63.89%。

我国由此初步完成从乡村社会到城市社会的转型，在改善居民健康状况和生活质量的同时，也带领我国从熟人社会进入了陌生人社会，促使我国的社会结构和社会关系发生了巨大变化。

第二，企业家群体崛起，快速融入造富过程。

随着工业化、城镇化进程的推进，我国社会的发展活力也进一步被激活，为我国企业家的崛起提供了经济社会环境。政府对私有财产保护机制的完善也为企业家的财富积累提供了法律保障。

同时，我国企业家也在努力抓住时代机遇，融入我国造富的整个过程：2020年我国内地超级富豪人数达到了389名，排名全球第二，仅次于美国。

上榜的我国富豪的财富总额折合人民币 7.9 万亿元，占上榜企业全部财富总额的 15%，约占 2019 年我国 GDP 总额（98.65 万亿元）的 8%。

第三，财富的不断集中，积累了社会问题。

财富的不断集中，导致我国的社会关系和社会结构发生了深刻的变化，一系列复杂而系统的社会问题由此产生。

其中，最为显著的社会问题是贫富差距的拉大。基尼系数由改革开放初期的 0.18 上升至 2019 年的 0.465，高于 0.4 的国际警戒线。

另外，越来越少的人开始掌握越来越多的财富。世界不平等收入数据库（The World Inequality Database，即 WID.world）统计显示，2019 年我国前 10% 的财富拥有者的财富占社会总财富的 41.4%，其中前 1% 的财富拥有者占比为 13.9%。

除了贫富差距，新的社会问题，如人口老龄化、区域差距、留守儿童等问题也在不断凸显，我国社会的压力在不断增大。

第四，以利益为中心的价值观蔓延，利己主义盛行。

经济快速发展使得“股东利益最大化”成为很长一段时间的主流价值观。越来越热的金融资本由于过度追求短期利益回报，导致部分企业在经营过程中不考虑社会成本，对于基础研发和核心技术的投入不足。

欧盟公布的 2020 年全球企业研发支出 2500 强报告指出，2019 年中国企业的研发总支出为 1188 亿欧元，仅为同年美国企业研发总支出（3477 亿欧元）的 34.2%；2019 年中国营收前 10 的医药公司研发投入占营业收入的比例为 9.78%，远低于美国 14.71% 的投入占比。

而大众的价值观也在向金钱利益导向快速蔓延，利己主义盛行。

随着互联网信息技术的发展，文化冲突凸显，“极度个人化”的互联网思维斩断了社会系统之间的关联，“精致的利己主义者”思潮畅行，正如钱理群所说，大众对外界的“大关怀、大悲悯、责任感和承担意识”都有待提升；同时，消费主义势不可当地成为年青一代追逐的生活态度，“算法”主宰思维，消费主义破土而生，社会也由此变得越来越冲动。

第三次分配是社会文明程度不断发展的选择

第三次分配凭借其在国家、社会和经济发展方面的形势和优势，成为推动中国社会应对挑战与发展的重要举措之一。

首先，从国家发展来讲，实现共同富裕是社会主义的本质要求，而第三次分配正是实现共同富裕的重要手段。

早在 1985 年，邓小平就提出：“一部分地区、一部分人可以先富起来，带动和帮助其他地区、其他的人，逐步达到共同富裕。”

1992年，邓小平精辟地把社会主义本质概括为“解放生产力，发展生产力，消灭剥削，消除两极分化，最终达到共同富裕”。

2015年，习近平强调消除贫困、改善民生、逐步实现共同富裕，是社会主义的本质要求，是中国共产党的重要使命。

2020年《中共中央关于制定国民经济和社会发展第十四个五年规划和二〇三五年远景目标的建议》提出“发挥第三次分配作用，发展慈善事业，改善收入和财富分配格局”，从而“扎实推动共同富裕”。

党和政府不断结合时代特点完善对共同富裕的表述，提高第三次分配的政治地位。

其次，从社会发展来看，第三次分配是缩小贫富差距的重要方式。

在企业层面，《2019年度中国慈善捐助报告》的数据显示，中国捐赠的主要来源是企业，2019年企业捐赠款物931.47亿元，占捐赠总量1509.44亿元的61.71%。

特别是在新冠肺炎疫情的捐款中，企业捐赠的力度更为凸显，捐款金额在1000万元以上的企业有112家，占社会捐赠总额的12.5%以上。

同时，据全国工商联、国务院扶贫办统计，“万企帮万村”精准扶贫行动5年来有近11万家民营企业帮扶12.71万个村，带动和惠及1500余万建档立卡贫困人口；在社会组织层面，仅2017年以来全国共有6万多家社会组织开展脱贫攻坚活动，项目超过10万个，投入资金超过900亿元，希望工程截至2019年累计接受捐款161亿元，资助困难学生617.02万名，援建希望小学20359所。

最后，从经济发展来看，第三次分配是企业履行社会责任的重要途径，是企业通过与社会互动提升内外部效益的重要举措。

企业家和企业捐赠社会公益事业，除了实现社会救助、解决和预防社会问题，还在培育公民参与和公共精神、营造诚信和自律的社会氛围等方面发挥了积极作用，为社群自治、社会秩序维护奠定了文化和组织基础。

在打造企业品牌形象的同时，维护与当地的公共关系，使其从资源型向市场型发展，从而实现更大规模和更高水平的对外合作。

从企业内部看，企业举行的募捐及志愿者活动，也激发了员工的参与感和对企业的忠诚度，从而提高其组织能力和项目执行能力，增加企业员工的归属感和合作伙伴的认同感。

社会改良的不断推进

行政干预和社会舆论的导向正在为第三次分配奠定发展基础。

在社会管理向社会治理的转型过程中，政府不断改善营商环境，反腐败和反垄断的措施不断出台，激发市场主体的活力，为企业的财富积累和创新发展创造了更大的空间。

世界银行发布的《中国优化营商环境的成功经验——改革驱动力与未来改革机遇》则进一步表明，得益于营商环境改革的推进，中国已经成为大型经济体中自 2005 年以来营商环境改善幅度最大的经济体。

我国政府还在不断完善着政务公开、管理透明化的服务型政府定位，并积极通过内部反腐，抵制逾越底线、以权谋私的行为。

时任中纪委副书记、监察部部长杨晓渡表示，中国企业拥有巨大的物质财富，但这种财富只能用来造福于民、缴纳税收、捐助公益，决不允许成为腐蚀官员和社会的工具。

我国政府对政商关系中腐败问题的坚决肃清，为我国企业的财富积累提供了更健康的政商关系环境。

在为企业改善营商环境、营造健康政商关系的同时，针对垄断企业带来的社会问题，政府还通过反垄断举措来改变商业格局。

2020 年 11 月 10 日，国家市场监督管理总局发布《关于平台经济领域的反垄断指南（征求意见稿）》，首次对互联网领域饱受争议的“二选一”、大数据杀熟等多种垄断行为做出了细化梳理。通过这种方式，让垄断企业让利于社会，这将带来新一轮变革。

社会批评的快速发展正在持续增大关于财富分配的舆论压力。

中国互联网络信息中心数据显示，截至2020年年底，中国网民规模达到9.89亿，普及率达70.4%。其中，手机网民规模占比高达99.7%。

信息社会的来临，特别是移动互联网的快速发展，微博、微信、短视频等社交平台日益普及，再加上网络直播技术的发展，话语渠道的垄断被打破，也催生了自媒体行业的发展。

借助媒介的力量讨论社会问题的情况明显增多，逐渐呈现一种让公众完全参与、媒介批评完全公开的局面，创造了媒介批评的新生态。公众对于部分企业的敛财、破坏环境、垄断经营等情况纷纷提出抗议。

社会舆论正在支持主动承担社会责任的企业发展。在《2019中国可持续消费报告》中，消费者因为“产品以制造商履行CSR（企业社会责任）承诺知名”来选购可持续产品的占比已经达到52.35%。

财富的归宿

随着财富拥有者的迭代，快速积累起来的财富最终需要解决方案。

第一，将财富“传下去”。

在中国的传统文化语境中，家族财富的传承理念深入人心，企业家们普遍将“传下去”作为财富管理的终极目标，但这个方式也面临着“富不过三代”的挑战。

慧谷家族创始人兼 CEO 陈婷表示，未来 5～10 年，中国将有 300 万家族企业面临传承问题。而《中国家族企业传承报告》调研显示，尽管多数企业主仍然希望由子女来继承企业，但 14% 的家族企业二代明确表示不愿意接班，高达 45% 的二代对于接班的态度尚不明确，可见中国企业家在传承财富过程中面临的挑战依然严峻。

第二，将财富“投出去”。

基于传统财富传承方式的挑战，企业家们开始探索更新颖和更高回报率的财富传承方式，通过投资激发新的商业平台，构建新的社会关系。

但在“投出去”的过程中，企业也面临着投资收益下降、不确定性增强的问题。在投资收益率方面，中国人民银行参事室主任纪敏表示，投资回报率下降除周期性以外，最大的问题就是中国的经济转型，在转型过程当中，无论是从供给侧的要素成本角度来看，还是从全要素生产力的角度来看，投资回报率一定是下降的，这是有客观必然性的。

这使企业在进行投资时更加谨慎。在当今的疫情环境下，全球金融市场出现大动荡，美国股指甚至出现了前所未有的三次熔断，企业投资的不确定性也在持续增强，这也在动摇企业投资的信心。

第三，将财富“捐出去”。

当然，也有企业家和企业选择“捐出去”。

2004—2020年，中国慈善榜累计2689位企业家和7084家企业上榜，收录捐赠总金额近2000亿元。2020年度中国慈善榜数据显示，105位（对）慈善家的捐赠总额超过40亿元，1108家慈善企业贡献了接近227亿元的捐赠。

在疫情的影响下，中国企业的大额捐款仍大幅增长，彰显着企业家对社会的责任与担当。

设立私人基金会正在成为企业家捐赠的重要方式。民政部公布，截至2019年年底全国已有基金会7585家，其中大部分是2004年以来企业家设立的非公募基金会。

反映在社会基本面的捐赠效应

捐赠行为属于社会事务，势必在社会层面产生蝴蝶效应。

第一，捐赠可以改善企业与社会的关系，增强企业社会信誉和公信力。

一方面，针对目前企业集体短视的价值观问题，企业应该认识到盲目参与和推动资本利益最大化不可能实现长期利益，而企业履行社会责任、参与社会公益事业就是在做大发展公约数，通过维护社会利益，在提升资本市场与社会的发展潜力同时也能通过输出企业价值观，实现社会领域的拓展和突破。

正如作家豆豆在《遥远的救世主》一书中提出的，“强势文化就是遵循事物规律的文化，弱势文化就是依赖强者的道德期望破格获取的文化”，社会利益最大化便是强势文化的基础，也是资本市场的共识。

另一方面，企业家参与第三次分配能够提升社会信誉，提升社会认知度，强化社会公信力。

中国消费者和投资者表示愿意选择购买承担企业社会责任的企业的产品，并愿意为此产品付出溢价。

在瑞银集团（UBS）于 2018 年开展的全球 10 大市场（含中国）高净值投资者调查中，86% 的中国被调查投资者表示其愿意在能看到投资所产生的积极社会影响高于传统投资的情况下，放弃较高的财务回报率。

第二，捐赠可以构建新型政商关系，提升社会影响能力。

在政商关系层面，由于参与社会公益事业从社会倡导、社会动员已经上升到制度设计层面，企业履行社会责任正在成为通过响应政府号召，维系政商关系的必然选择。

而政府也在不断规范着基金会的发展并提高了慈善事业的地位，推动着企业家参与社会公益事业。

2016 年《中华人民共和国慈善法》的出台，使中国公益慈善事业步入有法可依的“善时代”；2019 年党的十九届四中全会提出，重视发挥第三次分配作用，发展慈善等社会公益事业；2020 年党的十九届五中全会再次提出，发挥第三次分配作用，发展慈善事业，改善收入和财富分配格局。

中国慈善事业已经完全融入国家社会治理现代化体系之中。同时，这也成为企业家响应政府号召、捕捉政治信号的重要抓手，企业开始积极承担社会责任就是对政府鼓励政策的回应。

我国政府从 2008 年起就要求央企定期发布企业社会责任报告，随后鼓励所有企业定期发布社会责任报告和可持续发展报告。

2020 年，46.20% 的中国 500 强企业发布了报告，中国企业 500 强前 100 名的企业发布社会责任报告比例最高，达到 80%。

此外，企业还可通过主动参与第三次分配，主动担负社会责任，提升社会福利与公众利益，从而与政府建立新型政商关系。

第三，捐赠可以实现家族传承，改善家庭与社会的关系。

在基金会与财富传承的关系层面，企业可通过设立基金会参与第三次分配，实现财富最大限度的存留，防止出现因“败家子”而导致巨额财产被迅速挥霍一空的情况，并通过分散投资，避免将所有财产投入家庭的主要经营业务当中的潜在风险，从而助力家族财富传承。

同时，慈善活动作为“富一代”对个人和家族价值观的基本表达，在将家族领袖存在的价值观推向实践的同时，还可改善家族内部及与社会的关系。

促进第三次分配发展的措施建议

当前，中国发展仍然处于重要战略机遇期，机遇和挑战都有新的变化。

在新时代，我们要推动慈善事业发挥更加重要的作用。

在推动第三次分配的过程中，需要党和政府在体制机制、政策法规及社会倡导方面做出更加积极的努力，在政策推动的同时，完善法律法规保障机制，特别是社会荣誉、财政税收、组织注册登记管理、慈善事业监督管理四个方面，提升慈善捐赠的政治地位和社会地位，增强因捐赠带来的荣誉感和影响力。

首先，需要提升慈善事业的政治地位和社会地位。

在政治地位层面，要提高站位，从讲政治的高度，贯彻落实党的十九届四中、五中全会关于第三次分配的要求，持续释放更多关于第三次分配的信号。在社会地位层面，进一步学习习近平同志关于张謇精神的论述，落实“只有真诚回报社会、切实履行社会责任的企业家，才能真正得到社会认可，才是符合时代要求的企业家”的要求。

慈善事业的政治地位和社会地位在党的领导下不断得到提高和发展，社会荣誉属性才能更加突出。

其次，需要进一步完善慈善事业的体制机制和法治基础。

2016 年《中华人民共和国慈善法》颁布后，2017 年我国修订了《中华人民共和国红十字会法》、颁布实施了《志愿服务条例》。在配套制度建设、加强监管规范慈善行为、激励优惠政策等方面出台、修订了一系列规章制度。中国慈善事业法规政策体系正在逐步建立，慈善组织体系初具规模，慈善服务监管体系初步形成。但整个社会的责任和法律意识还不充分、部门之间协调范围仍有限、慈善捐赠体制机制尚存在障碍。

因此，进一步深化改革，构建更加完善的慈善协调体制机制是推动第三次分配、助力慈善事业高质量发展的主要动力。

而监督有关部门在促进慈善事业方面取得实际成效是法治的重要体现。

如何推进依法促善、依法行善、依法治善，完善各项监督机制，是当前的重大需求。监督对象除了行善者，也要包含促善、治善部门。推动慈善事业发展涉及民政、财政、税务、市场等各个部门，需要通过工作程序、规则的有机联系和有效运转，打造成相辅相成的整体，建立健全的工作机制。

再次，需要强化促进慈善事业的现实基础和理论基础。

发展慈善事业，必须要明确当前政治、经济、社会等诸多因素构成的整体现状。立足现实，对中国特色慈善事业的理论基础进行追根溯源的探讨，对于我们扎实推动第三次分配的进程具有积极的意义。

目前中国慈善事业总体滞后的局面尚未改变，除了慈善事业体制机制和法制基础尚不完善，理论研究也不够透彻。重视专业研究是推动慈善事业发展、推动第三次分配不断走向深入的前提条件。

无论是慈善事业的促进、监管还是慈善事业的从业人员，都需要进一步深化慈善理论的研究，以理论指导实践，发展中国特色慈善理论。

从次，需要建设促进慈善事业的行业组织体系和专职队伍。

行业组织体系建设和专职队伍建设是促进慈善事业发展的核心动力。

当前慈善事业的发展更需要有行业组织体系抓网络建设，有专职专业的队伍抓工作落实，有职业化的行政促进队伍，有代表性的事业领军人才，而合理的薪酬制度是吸引人才、激励人才、留住人才的重要手段，也是慈善行业人才队伍建设的重要保障。

但目前中国大多数慈善组织的薪酬制度存在着激励机制不足、分配模式较为单一、从业人员薪酬待遇较低、薪酬体系建设较为滞后等问题。

在 ABC 美好社会咨询社发布的 2019 年度《公益行业薪酬与人才实践调研报告》中，66.7% 的机构将缺乏有竞争力的薪酬作为招聘的常见困难原因，并在所有招聘困难中最为突出。而“薪酬缺乏外部竞争力”成为从业人员第二大离职原因，占比 48.1%，仅次于“职业发展受限”。

这对加强和改进慈善组织薪酬管理，健全从业人员薪酬待遇、社会保险、职称评定等政策，提升慈善行业从业人员工资待遇水平提出了较高的要求。

最后，需要有重大事件作为抓手进行推动。

重大事件凭借其可辐射全国甚至全世界的巨大影响力，越来越为各级政府所重视。

面对这些重大事件，要充分发挥融媒体的作用，利用移动互联网、广播、电视、报刊等新闻媒体，多形式地开展生动活泼的慈善宣传活动，宣传先进、树立典型、教育群众，增强慈善事业的吸引力和感染力，营造关心慈善事业的社会氛围。

除了做好内容，媒体还必须做好传播手段建设和创新，实现新闻报道的精准化和有效性，从而切实提升影响力、公信力。

借助重大事件的影响力，融合发展新闻传播与慈善事业，将会大大拓展借助慈善事业参与社会治理的途径。

2021 年 5 月 1 日出版的第 9 期《求是》杂志发表习近平同志的文章——《把握新发展阶段，贯彻新发展理念，构建新发展格局》。习近平同志在省部级主要领导干部学习贯彻党的十九届五中全会精神专题研讨班上的讲话中提出："实现共同富裕不仅是经济问题，而且是关系党的执政基础的重大政治问题。"我们决不能允许贫富差距越来越大、穷者愈穷富者愈富，决不能在富的人和穷的人之间出现一道不可逾越的鸿沟。当然，实现共同富裕，要统筹考虑需要和可能，按照经济社会发展规律循序渐进。同时，这项工作也不能等，要自觉主动解决地区差距、城乡差距、收入差距等问题，推动社会全面进步和人的全面发展，促进社会公平正义，让发展成果更多更公平惠及全体人民，不断增强人民群众获得感、幸福感、安全感，让人民群众真真切切感受到共同富裕不仅仅是一个口号，而是看得见、摸得着、真实可感的事实。

我们相信，随着中国特色慈善事业的不断推进，第三次分配将进一步完善财富收入分配格局，增强参与社会治理的功能和社会道德建设，成为推动国家治理体系和治理能力现代化的重要力量。

本文作者 **朱　睿（长江商学院市场营销学教授、**
社会创新与品牌研究中心主任、
EMBA 项目学术主任、
高层管理教育项目学术主任）
赵冠军（《公益时报》总编辑）
李梦军（长江商学院社会创新与品牌研究中心高级研究员）

项兵：社会创新——长江商学院的思考、探索与实践

近期，国家把实现共同富裕提到一个新的高度，对“如何理解共同富裕？如何促进共同富裕？”等民生关切问题做了一揽子顶层设计。同时强调，要对共同富裕的长期性、艰巨性、复杂性有充分估计，鼓励各地因地制宜探索有效路径，总结经验，逐步推开。

进入新时代，推动实现共同富裕被摆到了更加重要的位置上。这可能需要每个企业与机构对于自己的社会功能与价值做一个全面的审视、更新、变革与提升。

把企业的社会功能与作用贯穿企业的整个战略与管理，已经是企业生存与长期健康发展的一个必要条件。

作为非营利性教育机构，长江商学院创办的初心是为中国培养一批具有全球视野与全球担当、人文关怀及社会责任，并拥抱创新、驱动创新的企业家，为我们的民族复兴做出自己应有的贡献。

从 2002 年 11 月 21 日创办的第一天起，长江商学院（以下简称长江）便把“引领管理教育发展，培育新一代商界领袖精英，推动社会

和谐进步”的社会功能置于核心位置，并围绕着长江的社会责任及功能进行了一系列的思考、探索、实践与创新。

本文希望通过对这些探索进行回顾、归纳与总结，可和社会各界同仁共勉，并促进互学互鉴，为实现共同富裕做出贡献。

探索 1

2005 年全球首家将人文课程系统引入商学教育，奠定公益与慈善、企业社会责任以及社会创新的基石

长江迈出的第一步是在 2005 年把人文课程（哲学、宗教及历史）系统地引入管理教育。长江应该也是全球第一家启动系统人文教育的商学院。

从最早的“中西贯通”到 2005 年的“人文关怀”，长江从创办以来一直按照既定的战略目标——“打造世界级商学院”的梦想和激情前进着。

当时重视人文关怀的考量出于以下几点。

第一，善由心生。

企业家唯有怀揣着同理之心、恻隐之心、悲悯之心与感恩之心，唯有内生的向善与自觉的担当，而不仅仅是来自外部的强制监督与强力约束，才能真正成为具有人文关怀和社会责任感的商业领袖。

从这个意义而言，人文底蕴是人文关怀的一个前提，也是公益与慈善及企业社会责任担当的一个基石。

第二，现有商业决策的基本原则及框架是比较短视的。

2012 年，笔者提出了对“人类集体短视”的顾虑。世界当前的商业及政治体系激励我们的政商领袖注重当下成效和短期利益，攸关人类长远发展的问题得不到足够的重视与解决。人文课程带来的历史观会给企业决策者带来长线思维。这会有助于应对人类集体短视而造成的气候变化及其他可持续发展问题。

第三，当时传统管理教育的教育理念、方法和课程设计过于关注如何挣钱的“优术”，对于为什么挣钱、财富如何使用的“明道”重视不足，更缺少为人类守望未来的长线考量。

长江将人文课程系统引入管理教育，希望借此推动世界管理教育由“术”向“道”的变革。同时，企业家要想赢得世界的真诚认同和真心尊重，在创造财富上要取之有道，在财富使用与处置上更要富有责任感与人文关怀。做到这一点，必须超越“家天下”的传统理念，心要“盛得天下”。

第四，人文底蕴也是通过全球价值对接来实现整合全球资源的一个必要条件。

中国崛起需要的企业家必须有能力整合全球的资源，他们不仅要懂科技、懂管理、懂市场营销，同样重要的是要能与全世界做到价值对接。价值对接能力是整合全球资源为我所用的一个必备条件，而价值对接的基础是人文底蕴。要想实现与全球的无缝对接，对文化理念、宗教信仰等的互相理解也越来越受到重视。

第五，长江培养的企业家，既不是为股东创造价值的工具，也不是只为追求财富的经济“动物”，人文精神可以帮助企业领军人物超越富足的生活（Rich Life），迈向丰盈的人生（Enriched Life）。

探索 2

2010 年把公益及慈善课程带入学位课程，聚焦培育企业领军人物以及职业经理人的公益捐赠意识

改革开放以来，中国发展成就举世瞩目，但以人均收入、福利和社会公共支出等方面考量，中国仍属于发展中国家。值得关注的是，中国的基尼系数从 1978 年的 0.317 升至 2012 年的 0.474，大大超出国际警戒水平，已经成为全球收入与财富不均非常严重的国家之一。可以说，收入与财富分配不均，已经成为中国可持续发展与社会稳定的一个重大挑战。

为了确保我国经济的可持续性与稳定发展，我们必须更多地关注包容性增长与和谐社会的建设。实现和谐社会的一个先决条件是要在我国打造一个中产阶层占大多数的“橄榄型”社会结构。

中国的发展模式必须做到经济发展与增长的包容性，让更多人平等地分享经济增长的成果。

当时，我们的社保体系尚不成熟，捐赠及公益的文化还处于起步阶段。基于这个观察，长江开全球商学院历史之先河，首创推出一系列有关公益慈善的选修和必修课程。

- 2010 年，长江首创设立 48 小时公益学时制度，要求所有 EMBA 学员必须修满 48 小时公益学时方可准予毕业。
- 2014 年，长江再度首创性地将公益慈善课列为 EMBA 的开学第一课。
- 同时，长江首创公益奖学金（2002 年）、长江公益基金（2009 年），长江公益奖（2014 年）等引领式创新，不断拓展商学教育逻辑，重视财富使用的公益与责任，倡导“无公益，不长江”。

我们不仅希望公益与社会责任能成为企业家 DNA（基因）的一部分，更重要的是，我们希望企业家们能把他们丰富的管理经验与能力带到解决社会问题的项目中，再通过他们手中的资源及影响力产生“杠杆效应”，把这种理念拓展到家庭、企业乃至全社会。

在长江，“无公益，不长江”的公益理念及行为的培养现在已经深入人心，成为长江人学习和生活不可缺少的部分，也是长江商学院文化的重要 DNA。

- 2008 年汶川地震中，长江校友和校友企业、教授员工共捐款 4.3 亿元，占中国机构捐款 7%。

- 2020 年，在全球抗击新冠疫情行动中，长江校友体现出了极大的担当精神与人文关怀。在学院的倡议、呼吁及组织下，纷纷捐款捐物资，截至 2020 年 4 月，长江校友企业累计捐赠逾 40 亿元。
- 2021 年 7 月，河南灾情。各校友企业、校友组织和班级第一时间行动起来，调动资源抗洪救灾。截至 2021 年 8 月 2 日，据不完全统计，长江校友企业通过各种渠道向灾区捐赠资金和物资近 13 亿元。
- 2021 年 7 月，福布斯中国发布 2021 中国慈善榜。上榜的 100 名企业家中，长江校友共 23 位，占比近 1/4；长江校友捐款总额达 63 亿元，占慈善榜捐款总额的近 3 成；12 位长江校友捐款过亿，占榜单捐赠过亿元企业家的 24%。

探索 3

2016 年将社会创新课程系统引入管理教育。这是长江商学院重视商学教育社会功能并引领世界管理教育创新的又一项尝试

从全球各经济体发展历史来看，一个国家如果落入中等收入陷阱，可能会引发各种社会矛盾，包括收入与财富分配不均，阶层固化，最终甚至可能引发社会动荡，经济长期停滞不前。

成功跨越中等收入陷阱的经济体少之又少：1960 年被世界银行列为中等收入的 101 个经济体中，截至 2008 年，仅有 13 个国家和地区进入高收入行列，成功跨越中等收入陷阱。

成功跨越中等收入陷阱的经济体，能够继续实现共同富裕又是难上加难。过去的共同富裕成功者都是依靠成熟而发达的市场经济及有着社会主义烙印的、比较完善的社保体系来实现的。换句话来说，一次分配和二次分配的组合成就了共同富裕。

以美国为代表的一次分配和三次分配相结合的体制，仍然未能解决共同富裕问题。

尽管美国具有成熟而发达的市场经济体制，先进而健全的企业群体结构及治理管理体系，傲视群雄的整体创新能力；企业群体在企业向善、社会责任、ESG（环境、社会和公司治理）等方面也具有多年的经验及实践；拥有世界领先的公益捐赠慈善文化，以及发挥着重大作用的社团组织及成熟而充满活力的公民社会，但是美国仍然没能实现共同富裕。

反之，过去多年，美国的中产阶层比例快速大幅萎缩，新冠肺炎疫情的影响令其收入与财富分配不均情况以及阶层固化现象加剧。

此外，全球大变局中科技的创新以及世界经济发展水平的不平衡，使已经实现共同富裕的国家也面临巨大的挑战。

基于以上思考，笔者认为：在全球大变局以及后疫情时代世界新秩序下，仅仅依靠过去的市场经济以及社会主义社保体系的“两手组合拳”或将无法实现并维持共同富裕。这些重大社会问题的真正解决需要第三只手——社会创新，来积极配合市场的“无形之手”和政府再分配的“有形之手”。社会创新在未来的共同富裕之中将扮演更为重要的角色。

应对日益严峻的重大社会问题（收入与财富分配不均、社会流动性下降）以及可持续发展问题，仅仅依靠政府、企业、社团组织、公民社会及国际组织单一的力量以及单打独斗的方式是很难解决的。

这两大社会问题的解决需要社会各类机构及力量的跨界通力协作才能有效地解决。社会创新的核心是通过跨界协作来整合社会资源，以寻求重大社会问题的解决之道。

基于这样的考虑，2016 年，长江成为全球第一家将社会创新课程列为 EMBA 学位项目选修课的商学院；2018 年起，将社会创新课程列为 EMBA 项目必修课。倡导企业不仅仅为了创富，也要为解决社会发展问题而探索创新，推动构建和谐社会。

长江商学院努力发挥教育平台的优势，发挥思想、理念和研究所长，在社会创新上进行了一些探索。

“善果 · 枸杞”项目

例如，“善果 · 枸杞”项目便是一次跨界协同，教育机构、长江校友企业、当地政府、个体农户等多方通力合作，是以社会创新方式精准扶贫的一个比较成功的案例。

2015年，长江校友在学院组织下，通过与甘肃酒泉瓜州县银河村枸杞种植户签订善购合同，帮助农户搭建电子商务平台销售渠道，设计品牌、包装、传播等一系列商业模式，解决农户枸杞销售难的问题，帮助贫困农民获得持续的、更好的、有尊严的经济收入，最终实现自主脱贫。

截至2016年，长江校友善购爱心枸杞21147千克，累计金额近348万元，银河村558名低保农户直接受益，户均增收4631元，年收入提高35%。酒泉市政府特致感谢函给长江商学院表示感谢，肯定此举“帮助村民实现品牌化、规模化、电商化经营，做大做强当地枸杞产业”。如今，银河村已更名为“银河长江新村”，以感谢长江商学院在银河村精准扶贫中的贡献。授人以渔，而不是授人以鱼，让受助者“有尊严”地接受帮扶。“善果·枸杞”这个“以社会创新实现精准扶贫”的模式后来被长江商学院当作社会创新的经典案例保留了下来，希望可以被复制到更多欠发达地区，帮助农民实现脱贫。

“吉安”项目

“吉安”项目也是长江商学院在社会创新方面具有代表性的一个案例。2017年，井冈山革命根据地建立90周年之际，长江商学院在这片红色老区打响了一场通过社会创新实现精准扶贫的攻坚战。我们通过配合吉安市政府、联合当地企业、长江校友企业及长江商学院各方力量，摸索出一条“政府+产业+当地企业+长江商学院+校友生态体系”多位一体的社会创新新路径，可持续地帮扶老区脱贫。2019年4月，吉安市遂川县正式退出贫困县，至此吉安5个贫困县全部脱贫摘帽成功。2020 年，国家扶贫攻坚决胜收官之年，长江商学院因此获评由国务院扶贫办、人民日报社指导，人民网和《中国扶贫》杂志社评选的“中国优秀扶贫案例”。

探索 4

打造一个培育新生代创富力量的全球生态体系

笔者提出的“新生代创富力量”，指在社会经济发展过程中新大型企业（以《财富》评出的世界 500 强企业为例）、独角兽公司和新富豪的产生及迭代。这个理念的提出希望可以反映新的经济力量对传统的或固有的经济力量的颠覆。

数据显示，过去 30 年中国培育新生代创富力量的能力领先世界。相比之下，日本、印度、欧盟等在过去几十年间，产生的创富力量比较有限。新生代创富力量不足的地方：年轻人的上升通道会非常有限，社会流动性会大受限制。如果上升通道受限制的话，可能很难解决社会稳定与和谐的问题，近年来法国及智利的社会动乱就是一个例证。

新生代创富力量的持续产生是中国发展模式的特点之一，也是经济繁荣、社会进步与和谐、建设共同富裕社会的一个必要条件。

在培育中国新生代创富力量上，长江商学院进行了一些思考、探索、创新与实践。

2015 年为了支持国家的“双创”号召，长江启动了长江商学院创创社区（以下简称创创社区）。通过与腾讯（2015 年起）、百度（2016 年起）、京东（2017 年起）、软银和微软（2019 年起）、字节跳动（2019 年起）、阿里巴巴（2020 年起）等进行战略合作，打造了一个在国内有较大吸引力的创新创业平台及生态体系。自 2015 年成立以来，创创社区已累计开办 15 期创业营。

截至 2021 年 1 月，创创学院 755 位学员中，有 30 位学员的企业已成功上市，35 位学员的企业成长为独角兽企业。

可以说，长江为年轻人打通更多上升通道、增加上升可能，为改进社会流动性下降问题做出了贡献。

近年来，长江商学院把培育新生代创富力量的项目拓展到欧洲［先后与联合国企业司（UN Enterprises）、剑桥大学丘吉尔学院合作］、东盟经济共同体，并计划从 2022 年起把此项目推广到非洲、拉丁美洲、大洋洲和日、韩两国，以打造一个培育新生代创富力量的全球生态体系。

在培养新生代创富力量的同时，长江商学院也正在通过强调社会创新来加强新一代企业领军人物的社会责任感。我们希望这个项目可以为全世界培养一大批高度重视全球责任及社会创新的新一代企业领军人物。

新生代创富力量的培养对于给年青一代提供更好的上升通道做出重要贡献。中国这方面的经验在全球范围内具有一定的可借鉴性、可复制性。

面向未来，长江希望一步一步建立一个培养重视社会创新的新生代创富力量的全球生态体系。

把中国发展模式的经验以及长江商学院培育和推动新生代创富力量的创新及探索推广到全球，可以为应对收入与财富分配不均、阶层固化这两个世界性重大问题，贡献中国解决方案和中国智慧。这些项目的成功对于讲好中国故事、提升中国的软实力有着积极的意义。这也是长江商学院在全球责任及社会功能的一个核心部分。

长江商学院过去 19 年间在引领全球管理教育创新方面做了一些努力与探索，这些创新的一个重要推手是聚焦管理教育和商学院的社会责任与功能。

本文简单总结并分享了长江商学院在重视人文关怀、弘扬公益与慈善、企业社会责任（CSR、ESG 和企业向善等）、推动及引领社会创新方面的探索及实践。希望和各界的同人互学互鉴与共勉。

同时，有鉴于实现共同富裕的长期性、艰巨性、复杂性，社会创新的推动作用不容忽视。希望长江在社会创新领域的努力和探索、创新与实践，能为国家的共同富裕提供思路、做出应有贡献。

本文作者　**项　兵（长江商学院创办院长、中国商业与全球化教授）**

中　篇

企业社会责任的历史演变与时代创新

无公益，不长江

陈越光：企业家的终极责任是把社会利益变成企业的自身利益

2021 年 8 月 17 日，中央财经委员会第十次会议召开。会议指出，“要坚持以人民为中心的发展思想，在高质量发展中促进共同富裕，正确处理效率和公平的关系，构建初次分配、再分配、三次分配协调配套的基础性制度安排”。同时，会议指出，“要加强对高收入的规范和调节，依法保护合法收入，合理调节过高收入，鼓励高收入人群和企业更多回报社会”。

在这次重要会议上，无论是三次分配，还是回报社会，都涉及企业和企业家。在新时代，企业将自身发展融入共同富裕已成为时代的题中之意。

回望历史，中国人有对“大同社会”的理想追求，更有“穷则独善其身，达则兼善天下”的自我要求。商人也不例外。无论是两千多年前的范蠡“三散家财”，还是晚清民国时期的张謇“积极兴办教育和社会公益事业”，他们都在一边做企业一边做公益慈善。

为了兼善天下，中国的传统商人，他们在履行社会责任中做了哪些公益？有哪些精神和方法仍值得我们借鉴？我们又将如何在三次分配中实现共同富裕？带着这些问题，我们访问了著名文化学者、中国文化书院副院长陈越光。

能否既解决“富裕”问题又能解决“共同”问题，是时代性的命题，也是历史性的命题

问：8月17日，中央会议提出了“构建初次分配、再分配、三次分配协调配套的基础性制度安排”，您怎么看三次分配进入基础性制度安排的时代意义？

陈越光：目前第三次分配的呼声很高，但从“8·17会议”的精神上可以看到，第三次分配有一个目标和前提——在高质量发展中实现共同富裕。我们要在这个前提下来看第一、第二与第三次分配协调配套的基础性制度安排，我们要在共同富裕的前提下来看第三次分配，而不能局限于从第三次分配的角度来看共同富裕。第三次分配已经说了几十年了，公益慈善已有了很大的发展，但第三次分配和第一、第二次分配要作为基础性制度统筹安排是第一次提出。

从根本上来讲，共同富裕具有历史性与时代性意义。

自现代社会以来，资本主义制度安排下的市场经济，创造了“富裕”，但没有实现“共同”。20世纪的社会主义计划经济，实现了“共同”，但是没有创造“富裕”。20世纪，在资本主义世界和社会主义世界，有觉悟的人对这些问题都有反思和认识。美国在20世纪中后期，

出现了以《正义论》为代表的政治哲学思潮、欧洲建构以福利制度来平衡社会的方式等，这些都是对社会制度的矫正。我们中国也认识到贫穷不是社会主义，开始着手改革，探索社会主义市场经济。社会主义市场经济能否既解决“富裕”问题又解决“共同”问题呢？这是一个时代性的命题，也是一个历史性的命题；这是一个中国命题，也是一个人类命题。我们能否在社会主义市场经济中，既解决财富创造的问题，又创造性地解决共同享有的问题，实现一个共有、共享、共治的社会？现代化在西方世界首先实现，但是西方世界实现了大多数人的现代化吗？实现了所有人的现代化吗？实现共同富裕需要面对两个挑战：一个是国家内部的阶层、阶级、种族问题；一个是不同国家怎么均衡地享有人类创造的财富和现代化，这也是人类命运共同体建设要面对的问题。

在这样的大背景下，我们理解“8・17 会议”，要看到实现高质量发展的共同富裕的目标，肩负着一个时代和历史的使命。“8・17 会议”强调构建初次分配、再分配、第三次分配协调配套的基础性制度安排，这不只是在强化公益慈善这个第三次分配的地位问题，而是从综合统一的角度看待三次分配。这里所言的基础性制度安排，不仅意味着第三次分配中有制度安排的问题，第一次分配中也存在制度安排的问题。

比如第一次分配中工农业产品交换中的“剪刀差”问题——农产品精加工后的部分利润返还原料提供者的问题，这是第一次分配中的问题，解决这个问题对城乡收入制度性差距的消除关系很大。又比如中国是一个制造业大国，我们最大的优势不在原创科技的创新能力，而是量产化的能力。但加工企业的利润所得很低，能在科技企业上市利润中适当回馈给提供量产化能力的加工企业吗？这也是第一次分配中的问题。

我们讲共同富裕，就应该考虑到整个产业链之间的合理的利润分配。总而言之，我们在第一次分配中，应该既创造财富，又有合理分配财富的制度性安排；既强调市场配置资源，又不能让市场野蛮生长，然后再靠政策补救或慈善捐款。

在这三次分配的制度性安排中，第二次分配是一个关键调节因素，不但可以做政策兜底，可以提供公共产品，还影响甚至约束着第一次分配和第三次分配。这次将公益慈善放在基础性的制度安排中，提高了公益慈善的社会影响力。一般来讲，我们习惯将公益慈善看成一个社会发展中拾遗补阙的存在，但公益慈善的功能不仅仅是拾遗补阙。“8 · 17 会议”将三次分配一体化放在基础性制度安排里，考虑的不是公益慈善有多大的量，市场有多大量，政策调剂有多大量——不是量的问题，而是质的问题，是人的全面发展的问题。这次将三次分配放在同一个平台上构建、深化，一个关键着眼点是要实现人的全面发展。

问：这次会议也提到“鼓励高收入人群和企业更多回报社会”，放在三次分配的制度安排来看，这对公益慈善事业的发展将带来怎样的影响？

陈越光：目前，中国公益慈善涉及的资金大概占 GDP 的 0.2%，数量相当低。这次会议在第三次分配的制度安排中鼓励高收入人群、企业更多回报社会，将公益慈善提到三次分配统一的平台上考虑，这是一个真正的认知上的提升。这次提升对公益慈善界是一次鼓舞，对企业和高收入人群是一种鞭策。鼓励高收入人群和企业更多回报社会，对公益慈善事业的发展是个利好信号，但在利好的信号中间，我们有两个问题需要注意。

一个问题是，我们要注意怎样把好事做好，避免把好事做坏。就公益慈善而言，做好的关键是坚持慈善的民间性、自愿性。如果最后鼓励捐款变成在压力之下的捐款，这就不是慈善捐款，这对社会将产生很大的破坏性影响。我们现在讲第三次分配与共同富裕，可以回溯到改革初期。改革开放以来，“共同富裕”始终是目标，步骤是什么呢？小平同志提出“一部分人先富起来”“先富带后富”，这就是两步走的步骤。先富帮后富是应该的，但这应该基于道德和自愿的原则。如果不对先富者予以真正的肯定，就打断了实现共同富裕的步骤，实现目标也就无从谈起。对改革开放以来的企业家，我们首先要肯定他们在中国历史上、经济发展上、中华民族复兴道路上所做出的贡献，这个群体应该受到尊重。

另一个问题是，公益慈善不应划界封闭，而应该更加开放，不能仅从捐款助困角度考虑问题，还要思考创造更好、更创新的慈善形态，融合政府、企业资源来理解当今时代的公益慈善。

这里还有很多问题值得思考：我们怎么理解受助对象？仅仅将他们看作待援助者，还是看作新的财富和社会创造者？我们怎么看待所谓“金字塔底部”群体以及他们的能量如何发挥？这些问题对公益慈善发展都是新的挑战，我们不能仅从捐款的角度考虑问题，而应该用更开放的视角来看待公益慈善的发展。

达不离道“达则兼善天下”，“在商言商”在商者言不尽于商

问：2020 年 11 月，习近平同志参观张謇生平展时专门指出，张謇在兴办实业的同时，积极兴办教育和社会公益事业，造福乡梓，帮助群众，影响深远，是中国民营企业家的先贤和楷模。再联系三次分配来看，是否意味着企业家从“在商言商”到“在商言商＋善”的角色转变？

陈越光：在中国传统社会，张謇是历史上唯一一个弃官从商的状元。张謇也不只是一个传统商人，他是中国近代民营企业和民间社会事业领域里的先行者和楷模。他办过二十多家企业和三百多所学校。他之所以作为企业家的楷模，不仅在于发展企业，拿出利润救助贫困，更在于他推动丰富社会形态、发展社会建设的事业。他不仅是一个简单的商人，还是一个卓越的企业家、社会创新家。

企业家从“在商言商”到“在商言商＋善”，这个“善”不应该是要求企业家以后不要“在商言商”，成为“在商言善”，而是希望企业家有更大的胸怀和视野，“在商言商”但在商者言不尽于商。这样，“商”的内涵也会不断发展，将“善”注入“商”中。像获得诺贝尔奖的尤努斯，他开创的小额信贷模式，不是离开“商”来谈“善”，而

是把“善”放到了“商”里面来谈。“商”的内涵得到不断丰富、提升。

问：企业家应该扮演的社会角色，在中国传统文化中有着怎样的文化思想传承？孟子说，“达则兼善天下”，这也是对企业家的要求吗？

陈越光：在中国几千年的传统社会中，社会地位的序列是“士农工商”。但无论你身处哪个价值序列，中国人的价值观念都由儒家奠定，大家在价值观念上的目标和追求是一致的。无论你是书香门第、农家子弟、达官贵人子弟，还是商贾子弟，大家的启蒙大都是儒家思想，如果有追求，应该都是“修身齐家”。

从中国历史来看，一个君子，一个有品质的人，会有两种状态：得志与不得志。但正如孟子所言，“穷则独善其身，达则兼善天下”。当人处在不得志的状态，穷，但穷不拾遗；当人处在有钱有势的状态，达，但达不离道。对穷者和达者的评价标准是不一样的。对达者观其所为，看达者做了什么，如果只是招摇过市，当然遭人鄙薄。达时要帮助别人，己欲达而达人，己欲立而立人。穷时要观其所不为，一个人落魄时，要看他什么事情不做，为了生存也不能做伤天害理的事啊！在这个意义上来讲，中国儒家的基本操守，对士、农、工、商的要求都是一样的。严格说来，对士的要求更多，但商人也同样受儒家思想的约束。

问：在中国历史上，明清时期的商人积极投身于公益慈善，包括教育公益、文化公益等，例如，他们资助支持了民间书院，这是什么

原因促成的？

陈越光：中国书院起于唐朝五代，定型于宋朝，发展于元明，鼎盛于清朝。在明清，商人支持文化教育，首先是基于一个大背景——中国商人支持教育是我们国家的一个传统，我们的价值观支持这一点。在人格理想、人生追求上，商人深受儒家思想的影响。在一些朝代，成功的商人往往会捐一个功名。

至于明清商人对慈善教育等公共事业的支持，一方面，明清都是长周期的统一稳定的社会环境，工商业发展迅速，商人手里有钱。另一方面，明朝有一股“弃儒就贾”风潮，这样的商人对文化教育当然有特别的情怀。第三，明中期以后，“阳明心学”繁盛。“阳明心学”对此前的儒家主流传统发生两个转型：一个是政治上从“致君行道”转向“觉民行道”，从依靠一个好皇帝替天行道，转向觉悟老百姓来替天行道。“阳明心学”有深入百姓中的一面，跟底层社会的互动变多。“阳明心学”的第二个转变是对商人的态度有所改善。“阳明心学”认为人的内心是主要的，不在于从事的职业是什么。王阳明曾说过，哪怕整日里做买卖，照样成圣成贤。这一思想大概受大乘佛学人人可以成佛观念的影响，大乘佛学转化到中国语境，进入中国儒家思想体系，就演变出人人可以成佛的思想。商人自然也可以，只要内心有一个“仁”的信念。王阳明曾经有个精彩的比喻：尧舜万镒之金，凡人而肯为学使心纯乎天理，犹一两之金，但也是纯金！在“阳明心学”的鼓舞下，很多商人愿意支持教育公益和文化公益，支持社会各方面的发展，在当时成为风气。

将社会责任内化为企业追求，企业家精神的最高境界是使利于公众的事成为企业的自身利益

问：企业家精神的概念来自西方，其内涵就是冒险和创新。放在当下的中国来看，企业家精神是否还要加上社会责任或回报社会？

陈越光：“企业家”这一概念不是自古就有，不能简单混同于古代“商人”的概念。1801 年，法国经济学家理查德·坎蒂隆首次提出“企业家”这个概念，认为“企业家”是使经济资源的效率由低转高的特殊人才。从这个角度上讲，“企业家精神”是讲企业家的特殊的气质、技能和禀赋的一种结合。马克斯·韦伯在《新教伦理与资本主义精神》中，将敬业放入企业家精神中，企业家当然是敬业的、执着的。

后来，尤其 20 世纪中叶以来，现代管理学兴起，企业家精神更多被归纳为“冒险”和“创新”，这可能与两个人有关：熊彼特与德鲁克。熊彼特归纳企业家从事的工作，有过一种说法叫“创造性破坏”。德鲁克认为这种“创造性破坏”的本质其实就是“创新”。德鲁克是现代管理学大师和奠基人，他认为创新是企业家精神的集中表现。同时，德鲁克认为企业家的“创造性破坏”具备冒险性，是一种冒险行为。于是，“冒险”和“创新”成为企业家精神的重要内涵。

企业家精神具备民族性和时代性。从民族性来看，不同文化中的企业家有不同的特质。张謇作为被中国文化精神滋养的企业家，他在

企业责任、与雇工关系、商业博弈与道义操守的平衡等方面当然与西方企业家有众多不同的地方，这就是企业家具有民族性的一面。

在当下中国，问题的关键不是企业家的民族性，而是企业家的时代性。100 年前的企业家，将一个科技发明成果社会化、量产化以解决社会问题，创造大量就业机会，创造巨大财富，为投资人、股东创造巨大利益就是优秀而成功的企业家。但现在只有这些，是否足够呢？近两年，美国有越来越多的企业声明，不仅关注股东利益，同时也关注员工利益、客户利益、供应商利益、社区利益和环境。对一个当代企业家而言，重要的不仅是产品是否优质这一基础问题，还要关注产品解决了什么样的社会问题，创造了多少公平就业机会，而且对于更多的关联和公共利益要负起责任，这些问题都很重要。

我们如今强调企业家精神的民族性，更要强调企业家精神的时代性。当下时代与一百年前、五十年前、中国改革开放初期都不一样。时代对企业家的要求也不一样，当下的企业家需要有更高的追求。

企业家对企业管理的最高责任和最高境界是什么？ 20 世纪 50 年代初，德鲁克在他的现代管理奠基之作《管理实践》中一层一层地推论管理者的责任，最后提到“终极责任”高度的是：“商业企业在管理过程中必须把社会利益变成企业的自身利益”。把社会责任内化为企业的追求，要求企业家“使真正有利于公众的事成为企业的自身利益”，这个境界倘若实现，那便像孔子所言——“随心所欲而不逾矩”，矩内化在欲中，欲不再对抗矩，矩不再压抑欲。企业家可以最大化地追求企业利润，追求企业要实现的发展目标，但这些追求都不会违背社会的公共利益。

问：作为西湖大学的校董、西湖教育基金会的执行理事长，您与众多企业家有着深度的联结，您怎么看企业家在公益上的投入趋势？

陈越光：中国在短短40年里，创造了令世界瞩目的经济发展成果和财富积累奇迹，改革开放以来的这一代代企业家功不可没，很了不起。我们在为我们取得的经济成就感到骄傲的同时，也应该充分肯定那些创造者。

当下对企业家时代性的要求越来越高，这就要求企业家群体在公益投入上，提供更多的支持力量，支持社会的全面发展与人的全面发展。企业家应该有更多回报社会、感恩时代的信念。

要想助力这些企业家更好回报社会，一方面，需要我们在基础制度安排上做进一步改善和提升。党的十八大以来，那些不利于市场在配置资源中起决定性作用、束缚市场主体的创造性和自主发展的各种规则被清理。同样，围绕公益慈善的法律法规、制度性文件也需要有一个整理，使它们更好地促进慈善事业的发展。另一方面，企业家可以用学习、用创业的心态投身公益。企业家做公益不仅是看捐款的数字，还要能进一步深化发展。中国公益行业的进步非常需要企业界人士投入。令人欣慰的是，类似西湖大学这类发动企业界人士创造性投身的公益事业的事情也越来越多。总体而言，企业家需要拿出更多的创新来投身公益事业。

问：长江商学院一直倡导企业家学员履行社会责任，践行公益，并把社会创新作为必修课，倡导并推动校友积极参与第三次分配和社会创新。您怎么看长江商学院在推动校友参与第三次分配和社会创新方面的独特价值？在实现共同富裕的过程中，未来商学院还可以做哪些推动？

陈越光：长江商学院的“无公益，不长江”，是一个很响亮的口号，他们已经有意识发动校友投身公益，确实做得很不错。未来他们还可以在两个方面大有作为：对公益慈善的“理论建构”和“创新”，他们应该有“使命感”。中国专职的公益从业者在这方面积累较薄弱，而长江商学院在商业创新理论方面积累深厚，同时又长时间投身公益慈善实践，与公益各方面的接触交流比较深入，因此，长江商学院可以为中国公益慈善事业建构更多更创新的理论。当下我们还守着所谓“第三部门”的理论。这一理论曾经有过重要价值，但并不能完全解释和指导我们当下的社会实践。在理论建构、公益形态创造上，商学院可以进行一些高屋建瓴的理论探讨。

同时，中国的商学院有一个特殊现象，戏称为“大学之大在于大师兄、大师姐”，商学院校友文化成熟。我们知道，中国传统文化的培育场域是家庭，但现代生活尤其少子女乃至独生子女家庭已经不可能有这样的功能了，商学院独特的紧密型校友圈，是否会形成一个培育新文化的场域？这样的校友文化建设，事实上也会推动中国公益同人的文化建设。因为中国公益组织往往是小机构、少人员的团体，单凭自身很难完成中国公益同人文化建设，而四面八方的商学院同学，他们的阅历、受教育程度与创新能力各不相同，这些力量的汇入是令人期待的。更远一点的展望是，如何利用这种场域来创建一种既适合中国精神，又回应时代命题，适合人类命运共同体建设的文化，这是令人向往的。

本文作者　**浮琪琪**

李小云：乡村振兴要把人、资本、现代化的观念带到乡村

2015年11月23日，中共中央政治局审议通过《关于打赢脱贫攻坚战的决定》(以下简称《决定》)。《决定》提出的目标是，到2020年，稳定实现农村贫困人口不愁吃、不愁穿，义务教育、基本医疗和住房安全有保障。实现贫困地区农民人均可支配收入增长幅度高于全国平均水平，基本公共服务主要领域指标接近全国平均水平。确保我国现行标准下农村贫困人口实现脱贫，贫困县全部摘帽，解决区域性整体贫困。

2021年2月25日，全国脱贫攻坚总结表彰大会在京隆重举行，习近平总书记庄严宣告：我国脱贫攻坚战取得了全面胜利。

在脱贫攻坚战取得全面胜利之后，乡村振兴战略正式实施。

2021年2月21日，《中共中央 国务院关于全面推进乡村振兴加快农业农村现代化的意见》发布，该文件是“十四五”时期的首个中央一号文件；2021年2月25日，国务院直属机构国家乡村振兴局正式挂牌；2021年3月22日，中共中央、国务院发布了《关于实现巩固拓展脱贫攻坚成果同乡村振兴有效衔接的意见》，提出重点工作。2021

年 4 月 29 日，第十三届全国人民代表大会常务委员会第二十八次会议表决通过《中华人民共和国乡村振兴促进法》。

乡村振兴是一场波澜壮阔的伟大事业。在实施乡村振兴战略的过程中，无论是商业，还是公益，都将是重要的参与方，尤其是企业家和企业。如何准确理解乡村振兴？如何将企业社会责任贯穿到乡村振兴中？如何把社会价值和商业价值统一到乡村振兴中？

针对这些重要问题，我们访问了著名发展学家李小云教授。李小云教授是中国农业大学文科资深讲席教授，中国农业大学人文与发展学院原院长，作为世界银行、亚洲开发银行、联合国系统等国际组织的高级顾问，在全球从事发展研究与实践。在 2021 年全国脱贫攻坚总结表彰大会上获得“全国脱贫攻坚先进个人”称号。

乡村振兴与脱贫攻坚要有机衔接

问：从打赢脱贫攻坚战到全面实施乡村振兴战略，怎么理解这两个阶段在乡村发展过程中的不同？

李小云：扶贫工作和乡村振兴工作是乡村发展整体的不同方面，是整个国家现代化过程中不同阶段的重点工作，并没有性质上的不同。扶贫工作是先集中资源解决贫困群体的绝对贫困问题，这就解决了乡村发展中的短板问题。不解决绝对贫困这个短板，乡村发展后面的工作就没法开展。

然而，农村绝对贫困的消除并不意味着贫困的消失，贫困还会以相对贫困的方式存在下去。农村还会面临返贫的风险，还要应对相对贫困的新挑战，这就需要用乡村振兴这样一个工作来统领。扶贫工作为乡村振兴工作补了短板，乡村振兴工作是扶贫工作的一个升级，二者是有机衔接的关系，都是在解决乡村发展中的问题。

解决农村绝对贫困群体的问题，同时也是解决乡村发展的问题。之所以称为扶贫，没有叫作乡村发展，是因为解决绝对贫困群体的问题不能通过一般的乡村发展手段。为了尽快解决绝对贫困，特别需要聚焦绝对贫困问题，特别需要瞄准绝对贫困群体本身，我们把这个工作称为扶贫工作或脱贫攻坚。

搞脱贫攻坚不是搞大面积的乡村发展，是去解决绝对贫困的那部分人的问题，但又要认识到绝对贫困问题是乡村发展的问题，扶贫工作和脱贫攻坚是乡村发展的一个组成部分。

绝对贫困问题解决以后，实施乡村振兴战略过程中就不再聚焦一部分人了。按照中央讲的“产业兴旺、生态宜居、乡风文明、治理有效、生活富裕”这个标准来建设乡村。这个时候贫困问题依然存在，但已经是相对贫困问题。比如在城乡以及东西部地区，收入、教育、卫生、社会公共服务和基础设施上存在差距，缩小这些层面的差距就是我们未来应对相对贫困的重要方面，这恰恰包含在乡村振兴工作里面。所以，乡村振兴要解决的问题，在某种意义上来讲也是相对落后地区的乡村发展问题。乡村振兴是全国性的工作，乡村振兴工作的难点还是在落后地区，工作的重点也是更多地在落后地区开展。

问：乡村振兴如何与脱贫攻坚做到有效衔接，以此不断提升乡村发展的能力？

李小云：当脱贫攻坚的总体目标全面实现以后，乡村振兴的目标将会为进一步稳固脱贫攻坚成果提供有机的衔接点。从全国的整体情况来看，实现城乡基本公共服务均等化又成了稳固脱贫攻坚成果与全面推进乡村振兴工作的核心连接点。因此，在落实脱贫攻坚与乡村振兴有机衔接的工作中，应把如何缩小城乡公共社会服务差距作为重要的内容。

第一，脱贫攻坚与乡村振兴需要在目标上做到有效衔接。脱贫攻坚的目标是到2020年年底实现现有标准下消除农村贫困人口，贫困地区全部摘帽，贫困人口“两不愁三保障”，贫困地区实现城乡基本公共服务均等化。同时，乡村振兴的目标包括产业兴旺、生态宜居、乡风文明、治理有效、生活富裕。实现脱贫攻坚的目标关键是稳固实现既定目标，而乡村振兴的目标恰恰是有机对接了脱贫攻坚稳固实现的目标体系。也就是说，当脱贫攻坚的总体目标全面实现以后，乡村振兴的目标将会为进一步稳固脱贫攻坚成果提供有机的衔接点。从全国的整体情况而言，实现城乡社会公共服务均等化又成了稳固脱贫攻坚成果与全面推进乡村振兴工作的核心连接点。因此，在落实脱贫攻坚与乡村振兴有机衔接的工作中，应把如何缩小城乡基本公共社会服务差距作为重要内容。

第二，脱贫攻坚与乡村振兴需要在领导体制上做到有效衔接。脱贫攻坚之所以能取得重大成绩是因为五级书记挂帅、第一书记驻村的领导和工作体制。这一体制将中国的体制优势发挥到了最优的状态。在很短的时间克服了官僚体制和各种不同的制约因素，迅速动员全社会的资源，向贫困地区和贫困人口集中，这是在短期内补齐全面实现小康社会的第一个短板的根本性原因。在推动乡村振兴的工作中，中央明确提出严抓乡村振兴工作。乡村振兴工作的核心是调整城乡发展的不平衡问题。这一工作在客观上面临着与扶贫工作相似的诸多制约因素，只有充分发挥中国的体制优势，才有可能扭转乡村衰落的格局。党对脱贫攻坚工作的领导，不仅是名义上的。脱贫攻坚中所形成的这一体制经验，对于乡村振兴的工作至关重要。同时，这一经验也可以确保在乡村振兴工作中将稳固脱贫攻坚的成果以及解决相对贫困纳入乡村振兴的具体工作中。

第三，脱贫攻坚与乡村振兴需要在政策上做到有效衔接。脱贫攻坚的政策在总体上属于贫困地区乡村发展的政策，虽然脱贫攻坚的政策具有扶贫的特殊性，但是贫困地区的乡村振兴工作实际上首先是一个扶贫工作。在贫困地区推动乡村振兴虽然在字面上不同于脱贫攻坚工作，但实质上无论从发展产业，还是解决贫困人口的教育、卫生短板及基础设施建设都是乡村振兴工作的内容。因此，脱贫攻坚的政策在总体上与乡村振兴的政策是完全一致的。因此，需要将脱贫攻坚的政策体系与乡村振兴的政策体系有机衔接，从而促进乡村振兴工作，进一步稳固脱贫攻坚成果。

第四，脱贫攻坚与乡村振兴需要在措施上做到有效衔接。脱贫攻坚中所形成的“五个一批”的具体措施是在脱贫攻坚整体战略和政策指导下形成的综合性脱贫措施，这些措施的关键在于瞄准贫困群体的基本需求，因此这些措施具有明显的扶贫性质。但同时，这些措施所针对的问题又恰恰是贫困地区乡村发展的短板。贫困地区的脱贫在很大程度上存在着“政策脱贫”的特点，脱贫的基础还不够稳固。因此，在这些地区需要保持这些措施的连续性。同时，稳固这些地区的脱贫攻坚成果又需要一个“升级版”来推动。全面推进乡村振兴的一系列举措恰恰又是这些地区实现稳固脱贫攻坚成果的重要举措。因此，将扶贫攻坚的一系列措施与乡村振兴的措施有机衔接，将会有效稳固脱贫攻坚成果，实现这些地区乡村的振兴。

第五，脱贫攻坚与乡村振兴需要在机制上做到有效衔接。扶贫攻坚的机制是强调在发展中通过政府主导、全社会参与和贫困群体为主体而实现的。这一机制将政府的作用、市场的作用和贫困群体的主体性有机地结合。强调内生动力是脱贫的关键，是脱贫攻坚工作取得重大成果的重要机制。乡村振兴工作同样离不开政府的作用、市场的作用和农民的主体作用，乡村振兴不可能仅由政府来做，农民是实现乡村产业兴旺、生态宜居、乡风文明、治理有效、生活富裕的主体。同时，需要认识到无论是脱贫攻坚还是乡村振兴都是发展的问题，需要在发展中不断推进，二者的有效衔接需要广大农民积极提升自身的能力并在市场机制的推动下展开。

乡村振兴的实质是国家现代化

问：从乡村发展的内在规律来看，在这个时点提出乡村振兴有哪些考虑？

李小云：从本质的角度讲，乡村的生活是人类政治社会生活不可缺少的部分，尤其对于中国这样一个具有长期农耕文明的国家而言，更是如此。有人讲，乡村是我们的根，也有的讲，乡村的价值是我们的本质价值，其实说的都是这个意思。在工业化和城市化的推动下，乡村的价值正在流失。所以，我们讲，希望能够复兴我们的乡村价值。但这并不意味着复古和回到过去。

从功能主义的角度讲，乡村的功能正在发生变化。乡村不再是过去人们希望离开的地方，很多人希望回到乡村生活，乡村也不再仅仅有农业，而是开始有了新的产业，乡村的经济结构正在宽化。而相对于这种变化，乡村的基础设施、公共社会服务远远落后于城市，想要到乡村生活，很不方便，住在乡村的人的养老医疗报销都没有完全解决；农业都是老人在从事，劳动生产率也很低，吸引不了高素质的人来就业。所以，从功能主义角度讲，乡村的现状正在拖国家现代化的后腿。所以，乡村需要振兴。

我们的人均 GDP 已达到 1 万美元，国家的经济发展使高报酬部门为低报酬部门提供补偿成为可能，即我国经济可为农村、农业农民提供补偿。随着人、资本不断流入城市，乡村的稀缺性出现了。过去，大家都待在农村；现在，大部分人都待在城市，乡村变得陌生了，乡村的相对价值也就提升了。但与此对应的是，乡村在不断衰落——劳动力、资本都流出去了，但是基础设施建设没跟上，教育、卫生等各种社会服务的条件没有改善，乡村变成了一个知识、资本的沙漠。问题是，我们的城镇化水平还没有达到能够完全吸纳乡村转移出来的人口的程度，而且还有很多限制农村人口在城市定居的政策，这就出现了乡村的问题。

全球化产生了很多不确定性。自从中国改革开放以来，尤其是加入WTO以来，中国人对未来的感受似乎非常确定，特别是城市中产阶级群体，但突然间一个新冠肺炎疫情、一个逆全球化，让大家产生了很大的不确定性。这时候就需要考虑：一个国家整体的社会安全点在哪里？于是乡村作为“压舱石”的概念就出来了，乡村的意义在于安国定民。因此，乡村振兴可能还会有这样一种并未表述的社会考量。

问：您曾提出，乡村振兴的实质是国家现代化的问题，怎么理解这个实质？影响的因素有哪些？

李小云：乡村振兴本质上是中国共产党按照中国特色现代化的路径来把握中国的命运和发展方向，实质上是个国家现代化的问题。

这个现代化有两个内涵：第一，将现代化要素和国家现代化的过程整合到中华民族的文明进程中。这是非常重要的使命，也是巨大的挑战，目前还在进行中。第二，要有一个力量来领导这个过程。因为中国的现代化并非原发型，长期的国家主义传统造成了民间自发性组织能力的薄弱。因此，这样一个后发型现代化过程，就要有一个驱动力、政治引导力来把人统领起来，中国共产党承担了这样一个使命。中国共产党为什么既能领导扶贫，又能领导市场改革，原因就在这里。

乡村振兴的背后，实际上还是一个落后的农业国向现代化工业国转变的问题，因为，按照经典的“发达”的定义，中国还在追求现代化的过程中。从这个角度讲，乡村振兴就是现代化的过程，这也意味着，乡村的振兴在很大程度上还取决于工业化和城市化推动，这是一个发展范式和路径依赖的问题。

很多人反对这一观点，不同意乡村的发展依赖城市化和工业化。其实，这个传统的道路，出现的问题很多，西方早就开始反思了，马克思的批判很彻底，西方流行的批判发展也是这个意思。但需要注意：西方资本主义发展道路也是一个动态的、处于不断修正和调整的过程。我们现在讲的新发展观和生态文明，都是在修正传统发展方式，但方向没变，即改善物质生活水平。

假如定义乡村振兴是回归到农耕时代，大家都回去种地，男耕女织，不用现代物质文明来衡量，而用传统物质文明来衡量，那是另一回事；但我觉得现在定义的乡村振兴和农民希望中的乡村，好像还是现代化。“两个一百年”奋斗目标，第二个就是全面实现现代化，说得非常清楚。所以，乡村振兴问题在概念上是明确的，在路径上主要通过工业化、城镇化和农业现代化的过程，来推动国家的现代化，这是乡村振兴的前提。

乡村振兴的核心是产业兴旺

问：从脱贫攻坚开始，企业就是一股不可或缺的积极力量，在乡村振兴过程中，企业的舞台是不是更大？角色会有什么变化？

李小云：乡村振兴这个大的格局，当然需要企业的慈善行动。乡村振兴当然可以在乡村建设中体现，但不能把乡村振兴当成乡村建设搞，乡村振兴更多的是国家战略逐渐调整的过程。扶贫攻坚解决绝对贫困问题，企业在乡村的投资是帮助解决生存问题。

乡村振兴是一个城乡融合发展的过程，一些地区的乡村城镇化后可能就没有人了，而另外一些地区的乡村需要投入资源集中发展，情况很复杂。在没有完善规划的情况下，不应该盲目主张企业向乡村投入更多资源，而是要按照规划和乡村振兴的实际需要。

比如，解决乡村振兴的相对贫困问题，需要企业和公益组织继续在缩小公共服务差距上发挥作用，把乡村卫生室建好，把路修好，这都是需要钱的，是需要企业参与的。

问：企业参与乡村振兴，资金捐赠有效的用途有哪些？除了捐赠，可以做哪些更有针对性的公益活动？

李小云：从产业扶贫到产业开发，让产业通过市场竞争的机制，尤其是通过竞争性的获得机制来支持有能力的群体致富。在这种情况下，获得支持的群体需要承担致富成本，同时需要承担市场风险。

以前是产业扶贫，但产业扶贫最终能否真正帮助农民增加收入，取决于很多条件。首先，如果产业扶贫项目开发的产业有市场需求，那么这个产业一定是有发展前景的。尤其是新的农产品在市场上还没有开始销售，最早开发这一产业的地区和农户是可以受益的，这就好比 20

世纪 90 年代农户纷纷开始种植富士苹果、猕猴桃等，经过 20 多年的发展，苹果产业总体上是过剩的。如果现在再去发展富士苹果产业，估计市场竞争就会很大。其次，这个产业还需要具有可持续性。农业产业的投资相对较大，产业效益的周期较长，如果产业的可持续性差，即使开始产生收入，但收入不稳定，那么产业发展的效果也会很差。

脱贫攻坚以来，乡村旅游成为非常重要的产业。其中有很多原因。首先，乡村旅游在我国的发展水平比较低，潜力很大。其次，很多农村无论从自然条件还是文化条件等，都非常适合发展旅游业，只是由于交通等条件限制，导致其潜力没有被发掘出来。但需要注意的是，并非所有乡村都适合发展乡村旅游，而且随着乡村旅游的发展，很多地区出现了产品结构雷同的现象，如果这些地方缺乏规划、盲目发展，就无法吸引足够的客源，容易造成公共资源的浪费。

问：乡村振兴需要产业振兴，但很多地区的乡村因为区位、交通、资源等限制，产业振兴的难度很大，企业如何有效支持并衔接这一市场?

李小云：乡村振兴的核心是产业兴旺，乡村需要有自己的产业才能够进一步吸引人才回流。同时，乡村产业一定要有自己的特点，受到城市影响的乡村，可以通过建立与城市需求相关联的产业体系，以城乡互动的模式实现乡村振兴。能把人才、资本“黏住”的产业才能兴旺。如何实现“黏住”？乡村缺乏人才、资本、现代化，通过城乡互动型、城乡融合型的乡村振兴，把人才、资本、现代化的观念带到乡村，使城与乡实现这三方面的互通，乡村振兴就有希望。

问：乡村振兴需要怎样的人才？

李小云：实现城乡融合发展需要新型的人才，我们不可能依靠留在乡村的老人来振兴乡村，也不可能依靠短期到乡村的志愿者，而是需要能把资本、知识、管理和各种信息带到乡村，并能扎根乡村的新一代“乡村人才”，这是乡村振兴的中坚力量。

因此，乡村振兴的关键是人才。但乡村振兴不可能简单地把这些人才号召到乡村。人才回到乡村，振兴乡村需要解决以下几个问题：一是乡村的基础设施要有利于吸引人才回村。二是乡村的基础公共服务，如医疗、教育、金融服务、市场服务设施等都是人才发挥作用的基础。三是乡村吸引人才的条件。在过去几十年的经济发展中，我们有成熟的工业化、城市化吸引人才的政策，包括工资、税收、住房、医疗、户口等很多方面，但目前对于人才到乡村创业，缺乏系统的政策配套。这些综合性条件如果得不到有效改善，人才不可能到乡村去，没有人才，乡村振兴就无从谈起。

问：人才是乡村最为匮乏的，而企业又拥有最丰富的市场人才，那么企业如何为乡村振兴提供人才支撑？

李小云：城和乡之间，要有一个能让人才流动的机制，人才流动机制不仅仅是付多少钱，没有生活条件，没有吸引力，给多少钱也没人去。不能完全用钱来解决人才问题。要吸引人才，就要有这么几个条件：第一，有一个能够让年轻人工作、创业的平台。第二，有一个比较现代化的环境。比如说你到城市就业，除了就业本身你还获得了一个系统的环境、机会、服务。所以实际上乡村相关的产业不仅仅是产业本身，它需要一个与产业相配套的体系。第三，文化问题，年轻人是一个趋现代性的群体，年轻人到了北京、上海、深圳等大都市，就算钱少一点，但只要能生活，他都情愿在大都市待着。所以，人才振兴中，不要老想着年轻人不来，而是要想，乡村要有一个能够吸引青年人的综合性环境，不仅仅是一个工作，还需要一种生活。当然，乡村和城市并不完全相同，我们也不能把乡村做得和城市一样，但要让来这里的年轻人，有一点儿现代生活的感觉。这是提升乡村价值很重要的一部分。

问：除了支持乡村的产业就业、创业等，企业还可以从哪些方面提供支持措施？

李小云：我和我的团队在昆明做的都市驱动型实验的最终目的，就是探讨如何把城市和乡村的资源有效地对接起来，让要素的流动在更有利于城市和乡村融合发展的轨道上运行。闲置资产的盘活是我们实验的重要内容之一。

我们在昆明六个村展开闲置资产盘活，就是希望探索并建立农民作为受益主体的机制。农民是真正的股东，农民通过合作社或股份有限公司聘请 CEO 来管理。这样，城市有技术的管理人员就有可能回到乡村。昆明市官渡区的季官社区在过去完全是农村，现在变成了城市社区。我并不建议所有的乡村全都变成城市的社区，但是，季官社区在昆明城市化的过程中把自己的资产所有权和经营权掌握在自己手里，他们主要的地产没有卖给房地产公司，而是自己集资开发（开始被划为小产权房，后来转为大产权房），村集体雇用专门人员管理这些资产，每年的资产收益高达几千万元，农民人均年分红两三万元。安宁市的雁塔村是我们另外一个实验村。这个村庄也有大量的闲置资产，农民已经开始利用这些闲置资产与集体共同组建了合作社。

要把优质的资源下沉到乡村

问：据您观察，企业基金会在乡村振兴中会不会扮演与其他基金会不一样的角色，并发挥独特的创新支持力量？

李小云：包括企业基金会在内的公益组织在缩小基础公共服务差距这方面，已经做了很多工作，有很好的创新，这也是公益组织擅长的领域。比如在乡村学前儿童教育，乡村医务室，乡村数字化扶贫，抖音上的消费扶贫，公益组织做了大量的工作。在新的格局下，乡村会是一个很大的舞台，应该有更多的公益组织进入乡村。很多公益组织说是做乡村工作的，真正在乡村第一线工作的公益组织太少了，比如在云南这个地方，我在乡村看到的公益组织就比较少。

问：长江商学院及其校友组织、校友积极参与脱贫攻坚，其中长江商学院吉安扶贫项目涉及教育扶贫、民生扶贫、产业扶贫三个领域，和吉安市政府合作，发挥商学教育优势，五年时间培育了150名当地企业家；捐建关爱老人儿童活动中心；发起善茶项目，推动当地狗牯脑茶产业发展；全方位推动吉安地区的可持续发展。您如何看待和评价该项目，如何看待长江商学院在扶贫中的作用？

李小云：从某种意义上说这也是一个实验。乡村振兴是一个涉及经济与社会的复杂系统，不是简单的乡村建设。在这个过程里一定要用最小规模的干预来探索，这个探索过程就是一个实验。实验不是为了成功而做一件事，是为了探索它能不能做。乡村的衰落是价值的流失、文化的流失、人才的流失和资本的流失，所以我们所做的乡村实验就是要把乡村留下来。

问：长江商学院拥有众多的企业家，未来长江商学院如何推动企业家校友群体有效参与乡村振兴，您有哪些建议？

李小云：长江商学院的企业家，是城市精英，是商业精英，他们要和公益精英一起从城市到农村，把优质的公益资源下沉到乡村，把更多的利益留在乡村。公益的核心是财富分配的问题。企业家的公益，首先要瞄准不平等这个社会中最根本的问题，其次要用创新的思路来解决问题，最后要不断解决农村社会发展中出现的新问题。

本文作者　**陈　言**

王振耀：“善经济”时代，社会价值引领经济价值

“当第三次分配被提到党和国家的议事日程上来，这不仅仅是简单地鼓励大家做慈善，而是会给整体的分配架构带来机制性的改善，提倡善与爱对初次分配与再分配都会产生影响。”北京师范大学中国公益研究院院长王振耀在谈到第三次分配时说。

中央财经委员会第十次会议提出，坚持以人民为中心的发展思想，在高质量发展中促进共同富裕，正确处理效率和公平的关系，构建初次分配、再分配、三次分配协调配套的基础性制度安排。这次会议释放出新时代公益慈善事业变化的重要信号。值得关注的是，会议鼓励高收入人群参与第三次分配，将部分收入用于公益慈善事业，以缩小社会贫富差距，实现共同富裕。

在王振耀看来，有一个重要的经济发展背景：“2019 年，我国人均 GDP 迈过了 1 万美元的关口，整体的商业逻辑也在发生转变。过去是经济价值引领社会价值，而现在社会价值开始引领经济价值”。

在中国特色社会主义分配制度下，企业及企业家如何成为第三次分配的有机组成部分，如何促进共同富裕，推动“善经济”的发展？

北京师范大学中国公益研究院院长王振耀分享了有深度的观点。

公益慈善是企业家的“必选项”

问：2021 年 8 月 17 日召开的中央财经委员会第十次会议提出，在高质量发展中促进共同富裕，构建初次分配、再分配、三次分配协调配套的基础性制度安排。怎么看待中央在这个阶段提第三次分配和共同富裕？第三次分配的参与主体是谁？各参与主体在其中扮演什么样的角色？

王振耀：这是中国进入高质量发展阶段的一个重要经济建设和社会建设步骤。我们在之前的发展过程中，欠下一些债，现在是时候做一个重大战略工程来解决问题，这是非常大的善意。中央这次十分下功夫，释放的政策信号非常强，14 亿人口大国在当下经济水平、当下历史阶段，从全社会范围内做相应调整，十分有意义。

第三次分配不是劫富济贫，更不是均分每个人的财产，这都是误读。围绕第三次分配，政府回应、引领社会需求，对各方面政策做调整，如中央在紧锣密鼓修改《中华人民共和国慈善法》（以下简称慈善法）。总体而言，第三次分配是一个非常积极的社会活动。

第三次分配主要涉及的参与主体有政府、企业与个人。这不是一般的政治或经济学意义上的分配，而是一个社会整体、多方力量参与的良好互动。政府，毫无疑问要对政策环境做出调整，比如健全有关公益慈善政策，鼓励全社会向上、向善。企业，尤其是先富人群，在家族传承、财富传承、社会传承方面，也要做出规划与调整，关注整个社会的发展，参与到共同富裕的历史进程中。个人，要考虑如何向上、向善，如何参与共同富裕，展现我们的公益与慈善精神。比如个人要参与志愿服务，在社区展现共同治理精神，这些都与第三次分配紧密相连。

问：这些参与主体之间有主次之分吗？

王振耀：不同参与主体的主次是有的，侧重点不一样。

首先是先富群体，他们要思考一个问题：拥有众多钱财之后怎么办？挥霍钱财行不行？为了钱财不顾一切，超越法律、道德和社会底线行不行？在共同富裕的背景下，先富的人要思考该承担什么样的社会责任，要过什么样的生活，跟社会形成什么样的良性互动。

当然我们的政府也要调整政策，不是杀富济贫，而是建立让社会向良善方向发展的良善机制，包括重塑公共道德与公共精神。个人也要思考自己的使命，思考自己的财富观，是要“以身发财”还是“以财发身”。

总体上，共同富裕对政府、企业与个人都是一场大考，各个参与主体要共同建立共同富裕的机制，本质上是一种高质量发展，底层逻辑是向上、向善。

问：中央财经委员会第十次会议提出鼓励高收入人群和企业更多地回报社会。这一提法，将影响企业家的公益捐赠出现怎样的变化？

王振耀：毫无疑问，将会有更多企业家投入到公益事业中。当下，社会政策整体发生一个大转型，转向共同富裕的新方向，第一次、第二次与第三次分配共同协调，共同纳入基础性制度安排。在这个大背景下，对很多高收入人群而言，公益慈善将不只是一个"备选项"，而是一个"必选项"，这将对企业家提出更高要求。

从宏观政策上讲，两极分化一定要避免，整个国家需要思考下一步发展的方向性问题。我相信，对企业家而言，也要思考这个问题。既然从制度上为企业家做公益创造了宏观环境，那企业家群体就要思考如何参与第三次分配，同时也要在第一次与第二次分配上有所作为。

在这些背景下，企业家的经营方式、财富观都会发生深刻变革，但中心点还是围绕着共同富裕。这不仅对企业家做慈善，也会对一系列社会政策产生影响，这些基础性制度安排都要考虑进来，而不只是简单地做善事。

问：第三次分配进入基础性制度安排，您认为这将给公益事业带来哪些机遇？

王振耀：第三次分配将重塑我们未来的生活，对公益事业的发展也势必是一个重要的机遇，对中国公益慈善事业是一个极大的促进。

我们的经济、社会发展格局恐怕都会改变，公益慈善事业将会扮演一个探索、引领的“尖兵”作用。

我们的公益慈善很可能会促进国家进行很多制度改革，在很多体系下加进许多支撑的功能，这将与国家大转型相伴成长、发展，将走出一条非常良善的发展道路，将对整个中国的经济和社会发展产生比较大的良性的影响。

慈善法刚通过五年，就已经在修改中，修改的目标就是方便大家更好地行善。整个公益慈善事业将迎来一个大发展时代，一个高质量发展的阶段和第三次分配的“善经济”的时代，在此期间，公益慈善事业将呈现出新的发展风貌。但公益慈善行业本身面临许多问题，行业的准备很不足，所以更不能被动地在原地等待。行业需要结合政府、社会需求，研究新的项目来回应。此外，行业要尊重捐款人，主动与公众加强交流互动。

公益慈善行业迎来一个大显身手的时代，面对更多的捐款，行业要能消化得了，假如一次消化不动，两次消化不动，几次还消化不动，大家也就失望了。行业担子就更重了，要有更大的责任和进化意识，促成良性的第三次分配机制的形成。

问：国家倡导第三次分配，企业比以往更重视社会责任的履行，参与第三次分配的企业数量、投入金额都比之前更多、更普遍，但问题是，企业该用什么样的方式有效率地参与第三次分配?

王振耀：那么当我们行善的时候，就要与政府形成一种互动，企业不要唱独角戏，要与政府、社会形成一种良性互动，关注政府、社会在高质量发展阶段有哪些做起来不太容易但确实需要解决的问题。企业可以从满足政府、社会双向需求出发，投入几个亿、几十亿、几百亿都好，这会产生巨大的社会效应。

比如我们的医保，如何形成一套政府、社会和个人之间多层次的、良性的社会救助体系。这不是要大家拿出很多钱，而是要多方合作。企业可以多关注这种国家倡导的社会工程，包括儿童、老年、残疾人等方面的社会工程。当下社会转型在这些方面遇到挑战，企业需要留意这些公共服务类项目，及时参与进来，这样会产生更大的社会效应。

因为中国整个经济、社会发展追求“经世济民”，是追求“民本主义”，以民生为本，那么企业家做公益就要与中国经济发展做好结合，特别注意做好“善经济”的发展，将公益的良善与经济事业的发展结合起来，从而激发出各方面的创新。

中国的企业家做慈善，一方面要在大灾、大难出现时有担当，另一方面企业家也要擅于创造一种创新机制。企业家停留在做慈善不应捐赠物资层面，还要兼具创新精神，更好地应用公共智库，来设计更多富有社会创新性的项目。譬如，如今很多企业家已经在从事一些更易落地、更有创新性的活动，包括回报家乡、社区，与中国传统结合得比较好。企业家与政府的宏观政策相结合，如此从事公益慈善就能惠及更多人，更具包容性。

问：在具体落地执行方面，该怎么做？企业如何捕捉那些满足政府、社会双向需求的有重大社会工程意义的项目？

王振耀：这种社会工程意义的项目是需要探索的，企业在做项目之前要有社会咨询意识，与政府、公益慈善各界人士一同研究，而不是简单地把钱撒出去，要形成一套机制，将企业行善与社会联系起来，回应那些政府暂时遇到的、需要社会支撑的问题。

企业与政府、社会之间形成一种对话互动，借鉴多方经验，构建良性机制，这样比“一捐了事”更好。

问：在鼓励高收入人群和企业回报社会的过程中，政府应该扮演怎样的角色？

王振耀：中国的慈善与其他国家的慈善从本质上来说不一样，在中国，政府扮演很重要的角色。政府会鼓励、支持企业做公益慈善，提供各类服务，包括法律服务、政府服务、免税服务，让做慈善的人占到一定的“便宜”。

如今我们一些政策，借鉴国际经验，进步很大。比如我们制定了慈善法，里面有很多利于慈善家做公益的优惠政策，比如企业发生的公益性捐赠支出，在年度利润总额 12% 以内的部分，准予在计算应纳税所得额时扣除。这一比例在全世界都是非常高的。还有我们在股权、股票捐赠上的免税政策等。这十几年来进步很大，整体趋势是政府提供法律、政策等各方面的激励措施。

企业家做慈善，一定要让他们得到一些优惠，让企业家意识到公益慈善是有利于企业发展的，无论是在实际获利还是获得荣誉表彰，这样才可以形成一个正向的、有激励作用的环境。

社会与企业家群体要做好沟通与互动。其实政府的政策在“十四五”规划里说得很清楚，总书记又有对政策的系统性阐述，谁都不希望社会走到“两极分化”“社会动荡”的地步。这个政策方向很明确。企业家不要误读，应该主动积极地行动起来，投入到与政府的对话中，对政策的学习、研究中，并开展一些创造性活动。

企业家要提高自己的社会化水平，主动了解一些关系国计民生的问题，而不是认为自己挣的钱想怎么花就怎么花，而是树立新的财富观，增强家国情怀。财富越多社会责任越大，这是社会化的最基本的原理。

“善经济”时代，企业家引领商业向善

问：慈善法以及相关条例，是不是会有新的修订？过去一直呼吁的政策，例如股权捐赠的税收优惠等，有没有可能加快出台？还有哪些政策需要完善？

王振耀：全国人民代表大会正在研究如何修订慈善法，政府要加快创造更有利于行善的政策、社会环境。虽然慈善法有很大进步，但还存在很多不完善与不尽如人意的地方。比如鼓励注册基金

会，要尽快修改相关法律规定，利于注册方更方便地注册基金会，以利于公益慈善的发展。比如对三次分配纳入基础性制度安排，不仅对民间，对政府也有同样的要求，有关政府部门也有做出相应的调整。

再比如，对慈善工作人员的收入做出一定的限制，这在世界上是很罕见的。世界范围内对行业工资是限低不限高，我们却是限高不限低。在慈善法修订意见征集时，对限制工资这一点，呼声很高，反响很大。对法律的修订、完善是多方不断博弈的过程，是多方不断互动的结果。从全国情况来看，整体法律修订的方向是有利于慈善事业发展的。

问：中国的基金会一直是企业基金会居多，企业家的个人或家族基金会并不多，接下来可能呈现怎样的发展态势？

王振耀：家族基金会会逐渐增多，大家会注意到一个信号，总书记注重家庭、家教、家风的建设，对此也有相关的论述，一些表述非常实在。比如谈到对亲朋好友要一视同仁，不能给予特殊的照顾，照顾对方不是帮对方，而是害对方。家不是搞特殊利益的地方，那家是什么，家可以用来做慈善，成为慈善的单元。在这个背景下，家族基金会将来会越来越多，这样才方便大家向善、行善，也有利于家风建设。

当然，具体负责慈善事业运营工作的，可能不是家族里的人，而是专业的公益慈善团队。总之，这种家族基金会是一个未来公益慈善发展的潮流，也会刺激一批专门从事公益慈善的人成长起来。

问：在第三次分配大力推动下，目前公益行业的发展水平，例如基金会，能否很好地接住突然而来的发展？

王振耀：肯定接得住，特别是在中国的体系、国情下，各方面制度体系都会为行善开辟道路，这个共识大家是有的。像曹德旺先生捐赠巨额股票，中央的几个部门都予以支持。

我们民族有很强的慈善基因，在我们的社会环境下，只要是行善不便，各方面法律、政策的改变是比较快的。在中国的社会结构背景下，中国的公益慈善行业是可以接得住的。整个公益行业能承载下来，并且会汇集越来越多善的力量，促成善的创新。

问：在第三次分配的过程中，人人公益、互联网公益将会得到怎样的新发展？

王振耀：在第三次分配的背景与过程中，人人公益、互联网公益当然会有新发展，而且发展还会很快。因为当前中国还有很多存在巨大需求和缺口的社会服务，比如养老、儿童、残疾人等，这些领域的社会问题和社会需要还在不断产生。在这些领域，相关的人文精神、技术进步、项目设计会相应增强，在公益慈善事业与社会民生的结合方面，会出现更多创新，存在巨大的发展空间。这些空间自然也会为人人公益、互联网公益创造更多的发展机会。

问：您多年前提出了“善经济”，那么在第三次分配进入制度安排之后，“善经济”会有哪些新的发展？

王振耀：在“善经济”的背景下，整个商业向善，而善是一个广义的善，这就要求经济体要担负起社会责任，开创出更多有利于商业、社会和家庭的各种创新项目。在第三次分配、政府倡导推进共同富裕的背景与前提下，“善经济”有一个特殊的历史机遇，适逢生产力高度发达，与之相匹配的是各种人文精神需求勃发，人们追求更高的生活品质，这期间为“善经济”的发展提供了爆发式增长的空间，这是一次重要的发展机会。

改革开放以来，许多社会创新是我们未预见到的，我们也没想到社会能发展到人均 GDP 超越 1 万美元的情况，“善经济”的时代到了，还存在巨大的创新与发展空间。“善经济”不只强调经济取得多大的成就，也强调对人们生活各个方面细小的关注与体贴，是对人们对高质量生活的一种追求，是将经济建立在更扎实的民生事业基础上，这是“善经济”最重要的一个标志。

问：长江商学院一直倡导“无公益，不长江”的公益理念，推动企业家校友的公益参与和社会创新。您认为长江商学院在第三次分配和共同富裕的背景下可以继续做哪些新的推动？

王振耀：长江商学院是国内少有的率先提出公益理念的商学院。商学院校友们在 2021 年河南暴雨灾害中表现突出，这说明公益教育已经被有机地融合到长江商学院的学习结构中，可以说是长江商学院的一个“发明”。长江商学院在公益理念上是相当领先和靠前的，方向是正确的，结果是明显的，下一步是有意识地引导企业家校友们有效地参与第三次分配，在第三次分配中有更好的表现。

长江商学院可以推动的事情还有很多。比如，商学院可以在理论、智库方面做一些推动，倡导同学们来做慈善，开创一些能展现长江商学院特色的、有影响力的项目。长江商学院还可以与政府、公益行业开展一些合作，结合国家发展战略，主动发掘一些可以深入的领域，做一些公益示范基地和项目，合力推动社会创新的发生。

问：在共同富裕大政方针下，您对于长江商学院的企业家校友乃至于中国企业家群体有哪些建议？企业和企业家如何能够更加有效地为推动共同富裕贡献力量？

王振耀：企业家群体可以做的事情有很多，大家要珍惜这次机遇。第三次分配是中国经济和社会的一次大提升，与国家“十四五”规划相连，也和中国实现现代化相连，也与中华文明的崛起相连。中华民族正在以一种善意的姿态崛起，正在承担对人类命运共同体建设的责任。

对中国的企业家而言，特别是对长江商学院的企业家校友们而言，这是一次重要的机遇，考验我们的时候到了，我们能否在这个时期创新、创造？能否既把公益做出来，也承接与国家战略发展相呼应的项目？能否擅于引领、擅于创新？时机到了，相应也会有一些理论和观念的调整、价值观的提升，大家要自觉适应这个过程。为了个体、家庭，也为了民族和人类，这种调整是必要的。在这个时期，企业家要抓住这个机遇，实现一次重大的提升，接住考验，真正在国家大转型的格局中承载起企业家的使命，做出更大的贡献。

本文作者　**浮琪琪**

下　篇

年度长江公益项目

无公益，不长江

长江公益大讲堂：企业家影响新一代的第 N 种方式

企业家该如何支持教育事业？

除捐赠物资和金钱以外，长江商学院企业家学者项目（DBA）的教授和同学们用自己的行动开辟出了一条意义深远的“蹊径”：“授人以鱼，不如授人以渔”，他们将自己在商场砥砺征战多年所总结出来的人生经验和智慧分享给在校的大学生，希望他们能在步入社会之前，对自我、对职业、对未来树立更正确的认知，为未来的发展奠定坚实的基础。

这种“应用型”导向教育与传统课堂教育形成了完美的互补关系，深受学生们的欢迎。

长江商学院企业家学者项目（DBA）与武汉学院联合开设的“长江公益大讲堂”就是一条“蹊径”，至今已走过了三个年头，在武汉学院及长江商学院成为一个备受关注的明星公益项目，影响力蒸蒸日上。

“中国企业家的心灵底层是非常善良的，大家普遍都有家国情怀，只有国家好，社会好，个人才能好。我觉得做企业的人，都要有这个视野，公益精神也是长江商学院企业家学者项目（DBA）选拔学员时非常看重的一点。”长江商学院副院长、长江公益大讲堂发起人刘劲教授这样说，“这个讲堂让人有一种意义感，也从另外一个角度给了这些企业家们精神上的回馈，大家都觉得这个时间花得很值。”

企业家“思想”公益助学

一切都源于长江商学院企业家学者项目（DBA）的一节实践课堂。

实践课堂是长江商学院企业家学者项目（DBA）的特色课程，每期课程会先设置一个主题，然后教授及研究团队提供框架思考，带领领军企业家们深入企业或机构实地走访和调研。2018 年 6 月 8 日，刘劲教授和一行 70 多位同学带着“教育”这个主题走进了武汉学院。

武汉学院是由长江商学院 DBA 首二班同学陈一丹创办的，其前身是中南财经政法大学武汉学院，2003 年 12 月经教育部批准成立，2015 年 6 月正式更名为武汉学院，转设成为民办本科高校。武汉学院的成立，开启了国内非营利性民办公益大学的先河。

创办人陈一丹是腾讯的主要创始人之一，也是一丹大学教育发展基金会的荣誉理事长，因为热心慈善和公益，他被誉为“中国互联网公益教父”。除了创办武汉学院，陈一丹还在 2016 年 5 月捐资 25 亿港币设立全球教育奖项“一丹奖”。

“去了之后我们被一丹的公益精神和奉献精神感染了。”刘劲教授回忆道，他接触过不少热心公益的企业家，但是陈一丹的“纯粹”还是打动了他，“一丹做武汉学院真的是一种纯粹的奉献，真金白银地拿出自己的财富，花几十亿元建校区，而且他是发自内心的相信教育的意义，相信通过这样一种方式才能真正帮助更多的人，他做的是一件非常了不起的事情。”

刘劲教授也希望带领长江商学院企业家学者项目在陈一丹做的“了不起的事情”上添砖加瓦。

“做公益要发挥自己的长处，我们的长处就是DBA校友的思想智慧。”刘劲教授接着说，“我首先想到的是以大讲堂的形式，请DBA的同学们来为武汉学院的大学生开展公益讲座，以大家的经历、思考、智慧为大学生答疑解惑、指路领航。”

在武汉学院的实践课堂尚未结束，刘劲教授就找到陈一丹提议了公益大讲堂的想法，两人一拍即合，当即便在实践课堂上公布了想法。当天，长江商学院企业家学者项目和武汉学院正式签署了战略合作备忘录，宣布开展长江商学院企业家学者项目——武汉学院公益大讲堂活动。

与传统的公益项目不一样，这是一个“捐赠时间”的公益项目，对于这些企业家们来说，这是一个比捐款和物资更需要倾注精力和心力的事情，刘劲教授本来还有点担心执行起来能否顺利，但出乎意料的是，同行的DBA同学对倡议的反响非常积极，DBA同学们当即在班群里发起了关于“未来希望能够参与大讲堂”的接龙，许多同学都踊跃报名。

“我们DBA项目有数百位企业家，对一丹做的这件事高度认可，愿意主动尽我们的微薄之力，用一种新的模式来支持教育事业，同学互相影响，积聚能量，最后碰撞出了新的火花，这也是长江公益大讲堂能做成的原因。”刘劲教授说道。

“陈一丹先生很感谢来自企业家学者校友的支持和无私分享，这份真诚和武汉学院的公益办学理念产生了非常好的碰撞。”一丹大学教育基金会理事长桂以萍相信这些分享种下的种子会慢慢发芽，让学生在毕业以后逐渐成长为优秀的应用型人才和社会的中坚力量。

长江商学院副院长刘劲、武汉学院创办人陈一丹签署战略合作备忘录

当企业家遇到大学生

当这些在商业世界里“身经百战”的企业家们遇到还未走入社会的大学生，会产生什么样的“化学反应”呢？在武汉学院校长李忠云的印象中，每次长江公益大讲堂举行，武汉学院都像过节一样。

武汉学院李忠云校长

长江公益大讲堂在武汉学院刘炽平报告厅举行，即使开放将近500个席位仍“一票难求”。每次招募信息一经发布，席位几乎瞬间就被抢空。为了让更多学生参与，学校临时组织直播，把几十个能直播的教室都用上了，有些老师甚至调整了课堂教学安排，让学生有机会参加讲座。现场提问环节也给直播间的同学们留了名额，让所有人都有机会参与互动。

长江公益大讲堂活动现场

陈一丹也在校董会上提议将校董会改在大讲堂期间举行，这样可以方便所有校董和校领导都能到场参加大讲堂活动。

第一期长江公益大讲堂主讲嘉宾刘劲

第一期长江公益大讲堂主讲嘉宾何刚

2019 年 9 月 9 日，首期长江公益大讲堂举行，为了起到示范作用，刘劲教授第一个走上讲台。作为会计与金融学教授，他分享的题目是“财富是怎么创造的”，从投资和储蓄概念，到职业发展和投资的关系，到婚姻人生大事，甚至生死，鼓励大学生们先思考清楚人生中最重要的是什么，再以此分配时间，做出投资回报率最高、机会成本最低的选择；同期分享的还有《财经》杂志执行主编、《哈佛商业评论》中文版主编何刚，何刚以“理性选择你的职业人生”为主题做了精彩分享，他点出了传统“对错、是非”这种二分法的思维误区，建议大家采用管理学中经典的“双变量”“四象限”思考模型来做选择。

第二期长江公益大讲堂主讲嘉宾孙子强

第二期长江公益大讲堂主讲嘉宾范瑗瑗

2019 年年底，第二期长江公益大讲堂启动，主讲嘉宾是 SK 集团顾问孙子强和赛领资本合伙人兼董事总经理范瑗瑗。孙子强以“人生没有彩排，永远都是直播”为主题，建议大学生把时间多用于强大自己，形成自己的格局，培养自己的软实力和硬实力。范瑗瑗则以“认知自我，绽放人生”为主题，分享了自己从美国华尔街到硅谷高科技公司，回国后又从地产金融到高科技行业的经历，鼓励大学生要先加深对自己的了解。

第三期的分享嘉宾是武汉华泽科技发展有限公司董事长姚顺义和科大国创软件股份有限公司董事长兼总裁董永东。姚顺义分享的主题是“建立科学思维，做独立自主之人”，他着重向学生们介绍了如何把科学探索的思维方式应用到社会发展和个人发展上。董永东从行业的角度做了“软件定义世界，追求卓越未来”的主题分享，他从软件应用的角度给大家展示了一个科技如何改变人类生活的图景。

第三期长江公益大讲堂主讲嘉宾姚顺义

第三期长江公益大讲堂主讲嘉宾董永东

最后一期的分享嘉宾是福建七匹狼实业股份有限公司董事长周少雄，以及 IBM 全球副总裁、亚太区首席营销官、艾菲全球董事周忆。周少雄基于行业经验分享了“开启你的时尚人生”主题，他从自身 31 年的创业经历讲起，勉励同学们无论未来如何选择，都要坚定地创造价值，坚持快乐工作。周忆以“让特别的你成就别样的职场人生”为主题，分享了自己如何在职场“化敌为友”的故事，号召大学生要听从内心的召唤，勇敢地追求梦想。

第四期长江公益大讲堂主讲嘉宾周少雄

第四期长江公益大讲堂主讲嘉宾周忆

同学们都尽量通过分享自己的人生经验，为大学生带来一些朴素实用的智慧，没有千篇一律的商业取胜之道、模式创新或者战略思想，而是像面对自己的孩子一样，希望以一种更加易懂的方式真正让大学生们有所启发。也是因为这份“真诚”，成就了长江公益大讲堂的影响力。

让人意外的是，这些在商界叱咤风云的商界精英，在走进校园之际却变得格外谨慎：每一次做分享前都会跟一丹大学教育基金会和武汉学院的老师来回确认主题，咨询现在的年轻人喜欢听什么？哪些东西是对大学生有帮助的？幻灯片也经常几易其稿，演讲完不断追问大学生们的反馈……

“这比多给学生们上几节课的价值高多了，刚上大学的学生基本素质差不多，关键是有没有持续的学习动力，能不能找到自己的学习方向。”武汉学院的校长李忠云这样说。

一丹大学教育基金会理事长桂以萍也有同感，“我每期都参加长江公益大讲堂讲座，听到这些优秀的企业家分享在办企业的过程中如何突破自我，如何带领团队取得现在的成就，这种分享对于成长中的大学生太难得了，这些都是培养面向未来的应用型人才的重要部分，平常在教材中找不到这么好的案例。”桂以萍直言自己每一次听演讲，都收获满满。

为了使更多人受益，武汉学院决定把讲座向校外开放，进行线上直播，“我们希望把这样珍贵、精彩的演讲推向社会，特别是和我们的兄弟高校分享，进一步扩大平台的影响力。”李忠云校长说。

成为“应用专业教授”

“武汉拥有86所大学，而作为民办院校，武汉学院教育资源相对缺乏。在学校人才培养上，需要与企业家建立更深层的联系。”拥有多年高校工作经历的李忠云校长这样说。

2020年1月8日第三期长江公益大讲堂颁发应用专业教授证书（左起姚顺义、李忠云、董永东）

武汉学院首创了“应用专业教授”制度，也就是聘请企业的高管和高级技术人才担任应用专业教授，培养学生的专业能力和实践能力。首批“应用专业教授”主要来自陈一丹在长江商学院企业家学者项目（DBA）的同学们，比如搜狗公司的王小川等。而当长江公益大讲堂走进武汉学院后，每一位演讲者都会被聘请为“应用专业教授”。

“长江公益大讲堂给我们提供了一个新的平台，通过这个平台能够跟更多的企业加强联系，培养学生适应社会和经济发展需要、企业工作岗位的需要等，解决学生就业‘最后一公里’的问题。”李忠云校长说。

“应用专业教授”的职责在于指导课程设计、毕业论文和毕业设计。同时，每当人才培养方案制订和修订、新专业制订人才方案的时候，学校也会请“应用专业教授”提出意见和建议。

长江商学院的“应用专业教授”入驻以后，也为武汉学院提供了多方面的资源，不仅是教授们自己的企业能够为学生提供实践教育基地和实训基地，教授们丰富的社会关系，也为学生和其他企业提供了更多合作的可能性。

李忠云校长进一步考虑，要把这些“应用专业教授”落实到和他们企业所在的行业性质相近的学院，加强专业教学的指导，参与人才培养活动，同时通过发挥教授的社会影响力，为学校提供一些社会教育资源，弥补学校的短板。

无公益，不长江

长江商学院倡导“人文关怀，强者有为”，2010 年作为首家商学院率先引入“公益学时”概念。长江公益大讲堂的独特之处在于不与公益学分和学时挂钩，去演讲的同学都是自愿报名。

“陈一丹作为首二班学长，他对教育、对公益的奉献和纯粹，对同学们是一种精神上的感召。这些企业家同学的时间成本很高，每次去武汉学院做大讲堂，飞到武汉去，讲完以后要互动，全程算下来怎么也得两三天时间，这是实打实的付出，没有任何实际回报，但大家在做这个事情的时候，心灵会受到一定的净化。”刘劲教授说。

当然，这也和DBA选拔同学的标准有关，DBA不光是选拔那些在商业上、产业上引领方向的企业家，还希望除了商业成功，这些企业家有社会责任感，成为新商业文明思想贯彻者和引领者。

2019年9月9日第一期长江公益大讲堂主讲嘉宾及校董合影

武汉华泽科技发展有限公司董事长姚顺义是DBA四期班的同学，参与了第三期大讲堂。因为身处武汉的地缘优势，成为武汉学院的义务接待员，每次长江公益大讲堂，他都安排接待和联谊活动，还招呼DBA武汉的同学们来捧场。李忠云对此很感慨：“每次讲完他都负责安排住宿，说我们是来服务的，不能给学校添麻烦。”

SK 集团顾问孙子强也给李忠云留下很深的印象："他从第二期来演讲之后，以后每期都来，有时从上海来有时从北京来，但只要有活动都来参加，还参加座谈，跟学生们交流。"

来武汉学院做校长之前，李忠云在公办 211 高校担任了 16 年校党委书记，对长江商学院的了解不多，"只知道他们是一些商界的精英。"通过接触，李忠云对长江商学院企业家群体的印象变了，"他们不是单纯追求利益和金钱，他们都希望能提供一种社会价值。"他认为"让公益成为学习和生活的方式"在长江商学院 DBA 的校友身上得到了充分的体现。

受到长江商学院公益价值观教育的启发，李忠云决定在武汉学院的教育中加强德育工作，把"引导学生立德树人"修订进人才培养方案，要求课程上结合所学知识讲述相关专业领域从古到今的榜样，让学生走入社会前明白德行是第一位的，立己才能达人。

对话长江商学院副院长、长江公益大讲堂发起人刘劲

问：对于长江公益大讲堂，您最开始的设想就是通过 DBA 的企业家资源为武汉学院提供一些帮助吗？

刘劲：我知道武汉学院有自己的资源，一丹给它导入了很多资源，腾讯的马化腾也捐了不少钱。做公益的话肯定要发挥自己长处，因为我是做教育的，首先我觉得我能够驱动的就是这些校友，这么多

成功的企业家、高管，对于现在武汉学院的年轻人们，肯定有很多经验是他们可以汲取的，所以当时就说帮武汉学院把大讲堂弄起来。

问：您参与了第一期公益大讲堂的分享，您感受如何？

刘劲：我跟 DBA 同学何刚一起去参加了第一次公益大讲堂，我给大家带个头，我们就是尽量从自己的经验出发讲一些悟出来的东西。我们准备得都非常充分，氛围非常好，互动也特别多。带好头以后，其他 DBA 同学陆续到武汉学院去给大家讲自己的人生经历，鼓励大家上进，嘱咐大家需要注意哪些问题。这是一个良性的循环。

2019 年 9 月 9 日第一期长江公益大讲堂（左起武汉学院校董林倩丽、主讲人刘劲、主讲人何刚、武汉学院校董胡骏）

问：陈一丹先生是长江企业家学者项目首二班同学，您对他有哪些了解？

刘劲：我对一丹有很多了解，我个人对哲学上的思考也比较多，一般的人一辈子只问两个问题：我如何能生存下来？人生的意义是什么？对于一丹来讲，第一个问题早就不问了，他也不想在商场里再做太多的事情，所以从腾讯退休了。

当问到第二个问题的时候，每个人有不同的回答。有的人说人生就是享受，那就去买豪车、游艇、飞机，但是一丹觉得人生最终的意义在于帮助他人，跟我比较有共鸣，从更深层次来讲，帮助他人是博爱的驱动。所以关于这一问题我俩很早就有过沟通。

我知道一丹对教育情有独钟，他原来私下就跟我说过，但那只是一种理论上的探讨。真正到武汉学院以后，我还是被震撼到，从个人腰包拿出几十亿来做这个事情还是非常罕见的。另外，我知道一丹本身非常忙，但是在武汉学院花了大量的精力，说明一丹做教育是动真格了。那次我们去武汉学院一方面是学习，另一方面，我们的实践课堂都会帮助企业家出出主意、解决问题，那次我们也给他提了很多意见，一丹很快就把这些意见吸收落实了。

所以从各个侧面可以看出，一丹是真正想把这个学校办好，真正想普惠这些来上学的孩子们，为社会做贡献。

问：在您看来，长江公益大讲堂这个项目最大的意义是什么？

刘劲：首先对武汉学院，一丹是主导者，当地政府，还有原来的创业伙伴，都非常支持，从以前的无私奉献的行为中就能看得出来。我们 DBA 项目有数百位企业家，都是很大的企业家，主动来帮助一丹，这个是对武汉学院的高度认可，虽然不是特别实际的物质投入，但是从精神上是一种高度的认可。

2019 年 11 月 19 日第二期长江公益大讲堂主讲嘉宾及校董合影

从我们长江商学院来讲，我们做的是一件真实的事情，没有任何的私心杂念，我觉得是实现了教育对人的精神、人的心灵提升的目标，这有很重大的意义。

问：这个项目达到您的预期了吗？接下来还有什么新计划？

刘劲：我觉得基本达到预期了。我们很多同学都在做公益，比如为疫情、洪灾等捐了很多钱，但是真正大规模做公益，一丹可能是最有代表性的人物，我觉得对于大部分同学来讲，可能他们做公益没有门道，也没有研究。那一丹做了这么伟大的一件事情，大家往上添砖加瓦，这本身是非常好的一件事情。

当然大家还可以做得更多，一丹可以向大家提出他的需求。如果他有什么新的需求的话，我想我们会支持的。

对话武汉学院校长李忠云

问：您认为长江公益大讲堂对于武汉学院，以及武汉学院的大学生们，最重要的意义是什么？

李忠云：最大的意义是激发我们在校学生明德成人。古人讲："大学之道在明明德，在亲民，在止于至善。"从根本上，教育应该是解决个人和社会一切问题的基础，既要传授知识，又要使受教育者提高素质和涵养，改变人的精神面貌。高校教育跟其他教育还不一样，是直接向社会输送有知识、有能力的劳动者，和有操行能力的人才，使人才能够融入现代文明。这些人才的梦想与追求，责任与担当，知识与境界，人格与思想，直接影响个人的发展和对社会的贡献。

武汉学院的目标是培养德智体美劳全面发展、专业实践能力强、具有国际视野的应用型人才，要实现这个目标，必须走校企融合的合作之路。长江公益大讲堂通过一批成功的企业家和学者结合个人成长经历的精彩演讲，对我们师生有很强的冲击力和启发性，尤其是在站位、公益理念、价值追求方面，给学生的心灵带来很大的震撼。虽然一个讲座不能传授很多知识，但是能让学生心灵得到洗涤，让学生在某一方面明白一些道理，激发他学习的动力，这是最有意义的。

问：客观来说，高校之间以及城市之间都存在着教育资源不均衡的现状，长江公益大讲堂的入驻，是否在某种程度上缓解了这方面的痛点？

李忠云：应该说一定程度上缓解了我们这方面的痛点，长江商学院的“应用专业教授”入驻以后，他们的社会资源很多，有的不仅仅是引进自己企业，还帮我们推荐兄弟企业，合作起来都方便得多。通过他们，我们跟社会离得更近，使学生成长得更全面。

2020 年 1 月 8 日第三期长江公益大讲堂主讲嘉宾及校董合影

问：目前武汉学院与长江大讲堂的几位“应用专业教授”有达成后续的合作意向吗？

李忠云：实际的合作应该说还是不够，今后我们还要主动加强与这些企业家和学者的联系，前不久我还在跟我们书记讲，要把这些“应用专业教授”落实到和他企业所涉及专业相近的学院，因为学校是一个平台，真正要合作的是学院，通过学院与他们联系，加强专业教学的指导，参与专业人才的培养活动，同时通过发挥教授的社会影响力，为学校提供一些社会教育资源，来弥补我们的短板。

对话一丹大学教育发展基金会理事长桂以萍

问：陈一丹先生对一丹大学教育发展基金会的期待和要求是什么？长江公益大讲堂项目如何体现基金会和陈一丹先生的教育和办学理念？

桂以萍：基金会理事会，包括陈一丹先生，都相信中国民办大学教育的未来，以及民办大学在中国教育发展或进程中能够担当好重要角色。因此我们的愿景就是支持武汉学院的长远发展，助力武汉学院培育面向未来的国际化的高素质应用型人才，共建最受尊敬的民办大学。这也是现在的发展方向。

公益办学是陈一丹先生的办学理念，也是我们基金会践行的理念。在探索中国民办大学和民办大学教育基金会办学模式的过程中，企业家一直都是我们前行的重要伙伴，长江公益大讲堂就像一道彩虹桥，每一位企业家讲师有不同的成长和专业背景，从不同的视角，将七彩的颜色展现在我们面前，带领同学们看到希望和可能性。

向主讲嘉宾提问的武汉学院学子

这些最真实的案例是我们培养面向未来的应用型人才中非常重要的部分，平常在教材中找不到，我们嘉宾每次的分享都非常无私，对武汉学院的每一位师生敞开心扉，把大家带入情境中，听众感受非常深刻，可以说，让我们每一位听者从另一个角度体验了公益办学的理念，我觉得这非常有意义。

问：一丹大学教育发展基金会对这个项目寄予了怎样的期待？

桂以萍：我们非常感恩能开展这次合作，让学生在毕业前就有机会接触真实的职场世界，进一步提升他们参与社会的竞争力，我们期待学生能够从中受益，获得面向未来的勇气和能力。从过去四期的活动看来，我觉得这个效果非常好。

问：陈一丹先生有发表过对这个项目的评价或者反馈吗？

桂以萍：理事会上，陈一丹先生多次表达了对长江公益大讲堂项目的重视和认可，也很感谢长江商学院。作为长江商学院的校友，他深知每位企业家背后的经历和故事对武汉学院的学生和老师都将产生长远的影响。

陈一丹先生对项目的支持也让我们看到长江公益大讲堂是如何将公益办学的理念具象地呈现在武汉学院师生面前。很感谢每一位企业家学者的支持和无私分享，我们相信这些分享种下的种子会慢慢发芽，让我们的学生逐渐成长为优秀的应用型人才和社会中坚力量，得到社会越来越多的认可。

问：从一丹大学教育发展基金会的角度，长江公益大讲堂的企业家学者，给我们带来哪些资源和支持？

桂以萍：他们非常热心和无私，一方面，来给大家做分享，用实际行动支持教育，通过公益讲座的形式启发全校师生的思考，探索民办教育发展的模式。另一方面，他们作为“应用专业教授”给予武汉学院师生很多经验和资源。也有一些企业家进行公益捐赠，支持学校的建设与发展。但是捐赠这一块，我们基金会不会刻意去追求和引导，完全是企业家自愿的。

目前长江公益大讲堂做了四期，2020 年因为疫情没做成，如果不是疫情我相信我们的联络会更紧密一些。未来我们期待会有更多活动，让师生受益更多，也让更多企业家认识我们、了解我们。

本文作者　谢　舒

2021 年 6 月 19 日第四期长江公益大讲堂主讲嘉宾及校董合影

案例点评

企业拥有丰富的资源，具有强大的能力，能力越大责任也越大，企业不仅拥有资金资源、人力资源，而且还掌控了很多解决社会问题的技术和一些知识、管理的经验。这些年，我们非常欣喜地看到，国内一些大企业和中小企业，都有越来越强的社会责任意识。不过，很多企业可能刚刚开始践行社会责任，在效能方面，表现得并不是特别理想。我们也特别期待企业不仅捐赠资金、奉献志愿者人力资源，而且能够使公益慈善活动精益求精，能够有更好的、更高的公益效能。

企业家创造并拥有丰厚的金钱财富，于是大家都看重他们的资金捐赠。但是除了资金，他们还有哪些宝贵的财富可以用来捐赠？长江商学院企业家学者项目发起的“长江公益大讲堂”，为此提供了一个创新的方向。企业家可以把他们丰富的创业经验，无论是成败得失，还是感悟思考，分享给那些即将踏入社会的大学生，助力大学生追求梦想。

长江公益大讲堂这个项目，从项目设计上来说，是把成功企业家所拥有的人生经验和社会资源，分享给像民办大学这类社会资源匮乏的高校的学生，可以说是资源的精准匹配和支持。如果与清华、北大等知名大学相比，民办大学的学生可能很少有接触、聆听社会知名人士教诲的机会。这个项目实施后，相信经过大讲堂的精彩分享，学生的思维、视野等方面可以获得极大提升，在未来走向成功的路上能更加有的放矢。

长江公益大讲堂这个项目，从项目结果上来说，短期不好直接量化评估，但却有着长期的效果，可能对一些学生来说是一生的指引。

所以我们期待看到更多的优秀企业家，可以积极走进那些资源相对匮乏的大学，为大学生带来教科书上看不到的人生经验和多元的资源，这也是对现有教育的有力补充。在这个方向，商学院校友大有可为。

邓国胜（清华大学公共管理学院副院长、教授）

一氧化碳报警器：科技创新暖寒冬

呼吸，是生命的开关键。

人的生命就在一呼一吸之间。然而，在中国西北部的边远农村，有这样一群人，漫长的冬季里，他们生活在煤烟滚滚的环境中，时刻面临着吸入过量一氧化碳的风险。

一氧化碳，无色无味，却常常杀人于无形。浓度较高的一氧化碳能使人出现不同程度的中毒现象，危害人体的脑、心、肝、肾及其他器官组织，人在5000ppm浓度的一氧化碳环境中待五分钟便有可能遭受死亡的威胁。

了解这一情况后，长江商学院智造创业MBA班的首期学员化身“METI报警侠”，跨越千里，深入甘肃省农村地区，走村入户为贫困家庭捐赠守卫生命防线的一氧化碳报警器。

长江学子用自己的智慧和魄力，为扶贫注入科技的力量，为温暖上一把安全的锁。

一份报警器撑起一个冬天

2020年1月3日中午12时，甘肃省天水市清水县山门镇山门村的广场上，当地政府正在举办扶贫活动，为当地的贫困户发放新年慰问礼品。穿着厚重棉服的村民们双手交叉伸进袖口里，排队等候，嘴里不停地哈出白气，眼里满是期待。

这是“长江商学院智造创业MBA首班公益小分队”为甘肃省贫困户捐赠一氧化碳报警器项目的首站。

甘肃年平均气温为0～15℃，部分地区的冬季甚至长达五个月。在农村，居民收入来源单一，取暖条件落后，因燃烧煤、木柴、农作物秸秆等燃料造成的村民一氧化碳中毒事件时有发生。

冬天的夜晚，寒风呼啸，黑黢黢的煤块在居民家中的火炉里猛烈燃烧，然而门窗紧闭，一氧化碳气体不断地在房间上空积聚。到了凌晨，有人因吸入过多煤气出现昏迷的症状，等到反应过来，已经没有体力去开窗通风了。等医护人员来到居民家里，看到的是他们都爬到了窗户边，窗户却依然紧闭，人早已晕倒在地。

前一年山门村不幸发生了一起一氧化碳中毒事件，悲伤的气氛笼罩着村庄，而公益小分队的到来给村民们带来了希望。

小分队的主要负责人王文龙和杨新胜到达山门村后，抓紧时间为到场的贫困户发放一氧化碳报警器，并就如何使用展开现场教学：电池如何安装，怎样算开始工作，报警了应该做什么……

对山门镇的捐赠中，公益小分队向山门村 80 户、白河村 66 户贫困家庭每家捐赠 1 台，向 17 个驻村工作队每队捐赠 2 台，向山门镇政府捐赠 20 台。山门镇的桑镇长称两个村子的捐赠覆盖率达到了 80% 左右。

在欧洲，一氧化碳报警器已经市场化多年，在很多超市都可以直接购买，人们也都知道报警后应如何处理、应对。但在甘肃省农村地区，很多人甚至都不了解什么是一氧化碳，有人一氧化碳中毒，大家都说成是“被煤烟打了”，殊不知背后是一氧化碳在作祟。

山门村的留守老人雷耀宗，现如今五十多岁，儿子在城市里打工，儿媳在镇上一边工作一边照看两个孙子，家中只有他和老伴二人相依为命。收到一氧化碳报警器后，雷耀宗很是高兴。以前时常听人说起哪个村子又有人“被煤烟打了”，人不在了，他心里隐隐感到担忧却又不知如何预防此类事件的发生。当杨新胜介绍完一氧化碳报警器的功用后，他疑惑地问道：“这要多少钱啊，这么好的东西为什么我们这儿没有卖的啊？”

杨新胜向村民们讲解如何使用一氧化碳报警器

虽然并不清楚报警器背后的工作原理，但雷耀宗意识到，有了它，自己和家人的生命安全就多了一层保障。

没有收到捐赠的村民知道这个产品后，都主动前来询问，之后也通过别的途径购买了一氧化碳报警器，安装在家里。这正是王文龙希望看到的，除产品本身能够实实在在地保护贫困户的生命安全外，通过他们的宣传推广，提高农村群众的自我保护意识，让更多的人了解有一氧化碳报警器这样的产品存在，有购买能力的人主动选择购买。

他表示："我们的捐赠活动有利于一氧化碳报警器的普及，以及农村群众安全理念的提升，其意义远远大于捐赠本身。"

公益小分队在范家村与受捐赠村民合影

一次机会开启一段崭新征程

身为甘肃凉州人，王文龙一直密切关注着家乡的发展。

毕业于甘肃政法学院的王文龙，曾在大学时参加大学生“三下乡”暑期实践活动，去往白银市会宁县平头川乡进行支教。尽管提前做好了思想准备，在贫困的陇中地区，生活条件的艰苦还是超出了他的想象。

支教的学校总共只有 4 口浅水井，当时他们一共去了 25 位同学，每个同学的刷牙水接在水杯里只有 4 厘米高，17 个男同学共用一盆洗脸水洗脸，当然，洗完之后清水早已变成泥水。用井水煮的米饭上面爬着白色线虫，当时城里来的女孩子死活不肯吃，饿了两三天后也都吃了。

尽管吃饭用水大家都一省再省，但十天下来，还是把别人的一口井里的水喝光了。校长找到他们，无奈地说，后半年学校的师生只能靠剩下的那三口井了。

会宁的生活条件虽然艰苦，但当地对教育的重视早已蔚然成风。家长们打工挣的钱不是用来改善生活条件，而是全部用在孩子的教育上，希望他们能走出大山。孩子们也深知生活的艰辛，在学习上个顶个的努力；会宁老师无私的教育精神也让人钦佩。王文龙被教师苦教、学生苦读、家长苦供的“三苦精神”深深感动，回到学校后，他立即组建爱心社，带领同学们去周边的农村学校支教，帮助贫困生入学。

支教的经历在王文龙心里埋下了公益的种子。2007 年，大学刚毕业的王文龙就行走在公益第一线，相继在甘、青、宁地区开展过“莲花奖学金”“残疾人轮椅捐赠”“光明列车——老人白内障康复”“悦听礼物——听障儿童康复”等多个公益项目，助力家乡脱贫脱困。2017 年，他成立兰州市安宁区百合公益组织发展中心，致力于孵化公益组织，培训和表彰志愿者，服务保障大型公益志愿活动，扶贫济困。

这些年，王文龙参与组织的大大小小的公益项目不计其数，谈及做公益的初心，王文龙认为还是源于他对家乡发展的殷切期望。

产业链不集中，没有支柱产业，轻工业落后……这促使甘肃跟其他西部城市面临着同样的问题：技术型人才都流向沿海地区。兰州作为甘肃的省会城市，其经济总量还比不上一个县级市，王文龙心里不平，他始终认为，甘肃作为一个西部大省，有着坚实的工业基础，但是因为提供不了好的平台，所以造成了人才的流失。

一次偶然的机会，王文龙看到长江商学院智造创业 MBA 课程的介绍，其中“把握数智时代大势、聚焦科技创新，为未来中国培养有洞察力、整合力的颠覆式科技企业家”的介绍深深触动了王文龙的内心。

甘肃省地域狭长，生态脆弱，境内不是戈壁就是沙漠，如何在不破坏生态环境的条件下发展经济，是王文龙一直苦苦思索的问题。这也是王文龙加入智造创业 MBA 班更深层次的原因：研究智能科技，学习企业管理，利用自身的资源和机会争取更多的可持续性发展项目

王文龙和杨新胜与受捐赠村民合影

落地甘肃。

他希望有一天，在茫茫戈壁滩上，能看到充满希望的绿色。

智造创业 MBA，是首个针对制造业前沿的智能装备与智能制造以及智能产品领域创新的商学院课程，由长江商学院甘洁教授发起。2018 年 5 月 28 日，长江智造创业 MBA 首期班正式开学，30 名学员开启了一段全新的学习创业之旅。

在智造创业 MBA 首班，王文龙遇到了和自己并肩作战的战友——杨新胜。

杨新胜在研究生阶段和工作初期主要从事电动汽车用燃料电池的研发工作。2005 年，他从市场上了解到燃料电池还能用于制作一氧化碳传感器。事实上，一氧化碳报警器就是一个微型的燃料电池，通过传感器将空气中的一氧化碳气体的浓度信号转换成微弱的电流或电压信号，传送给单片机进行信号比较与处理，超过预定的阈值，单片机就会发出声光报警信号。

这一意外发现让杨新胜激动不已，他在河北衡水的农村长大，童年时村民因用煤炉取暖而发生一氧化碳中毒的悲剧一直是杨新胜的心结。如果自己的技术能够救人，那将是一件很有意义的事。一番深思熟虑后，杨新胜选择辞去比亚迪的工作，全身心地投入一氧化碳传感器的研发。

跟王文龙一样，杨新胜也带着打破公司发展僵局，将公司做大做强的愿景加入智造创业 MBA 班。大学和工作期间，杨新胜主要从事技术的研发，企业管理是他的短板。曾经因为他的判断失误，导致市场反应冷淡，六万多个传感器积压在公司仓库里。前几年，公司的发展一度停滞，他形容“后劲上不去”。

“山重水复疑无路，柳暗花明又一村。”

机会总在绝望之时出现。通过为期三天的长江智造创业体验营，以及深入地学习了解，杨新胜成为长江商学院智造创业 MBA 课程的学员。在这里，他结识了甘洁、李泽湘等多位知名教授。在教授们的指导下，结合课程资源，杨新胜完成了对企业的战略定位，也找到了产品创新的思路。

甘洁教授是长江商学院智造创业 MBA 课程的发起人，李泽湘教授所代表的松山湖机器人产业基地是长江商学院智造创业 MBA 的科技合作伙伴。2018 年 5 月 28 日，长江智造创业 MBA 首期班正式开学，30 名学员开启了边学习、边创业的历程。项目的三位创新导师甘洁、李泽湘、高秉强教授均为杨新胜的科技创业提供了重要指导。

用杨新胜的话来说，“我们是一群想做事的年轻人”。学院的老师从理论知识，到供应链资源都为大家提供了莫大的帮助。“他们真的是从内心出发，在帮助我们年轻人成就一番事业，希望有一天我们的公司也能与国际上的大公司比肩”，杨新胜激动地说道。

蓓蕾初开：公益分队应运而生

2018 年冬天，甘肃省甘南藏族自治州夏河县发生的一起中学生一氧化碳中毒伤亡事件，让王文龙一直耿耿于怀。

在过往的公益项目中，他也曾考虑给农村地区捐赠电炉，从源头上解决贫困地区一氧化碳中毒事故的发生。但长期做公益的经验告诉他，这个方法不可行，因为使用电炉产生的电费会成为农民沉重的负担，生活并不宽裕的他们往往会为了省电舍不得使用电炉。

××“被煤烟打了”的消息经常出现在村民们的日常闲谈中，有的人被及时发现救了下来，但脑神经受损，留有记忆力和理解力衰退、肢体瘫痪等不同程度的后遗症，有的没那么幸运，直接失去了生命。

如何解决甘肃省农村地区一氧化碳中毒事件频发的问题始终盘踞在王文龙心里。

一次小组讨论中，王文龙惊喜地得知同班的杨新胜同学在做一氧化碳报警器的研发工作，便提议给家乡甘肃的贫困户捐赠一氧化碳报警器，以点带面，从而提升甘肃省农村地区的群众对一氧化碳中毒事故的防范意识。

一直致力于以世界级产品保护国人生命安全的杨新胜听闻后，当即决定给甘肃省的500个贫困户家庭捐赠一氧化碳报警器。尽管彼时的他承受着欧洲订单的巨大压力，他还是决定迎难而上。

因为这是一束火把，一束能用科技力量温暖寒冬的熊熊烈火。

2019年4月，长江商学院智造创业MBA首期班成立“长江商学院智造创业MBA首班公益小分队”，计划在班级同学的专业领域如科技、教育、医疗等方面开展公益项目。

而王文龙所在的兰州市安宁区百合公益组织发展中心和杨新胜所在的东莞海润科技有限公司的结合，则是扶贫与科技力量的珠联璧合。

王文龙和杨新胜在甘肃农村的合影

与王文龙商量好计划以后，杨新胜立即组织公司加紧生产500台一氧化碳报警器，王文龙则安排自己所在的兰州市安宁区百合公益组织发展中心，快马加鞭地联系当地政府，选择贫困对象进行帮扶和捐赠。

2020 年是脱贫攻坚的收官之年，2019 年 3 月 5 日，国务院总理李克强在 2019 年国务院政府工作报告中提出，打好精准脱贫攻坚战，重点解决实现“两不愁三保障”面临的突出问题，加大“三区三州”等深度贫困地区脱贫攻坚力度，落实对特殊贫困人口的保障措施。而在具体的扶贫工作中，对于取暖条件落后的西北地区，冬天如何安全取暖是扶贫的关注重点。

捐赠数量有限，为了把 500 台价值 18 万元的一氧化碳报警器捐赠给最需要它们的家庭，王文龙首先联系了省委的脱贫帮扶责任人，了解了各区县的长期居住人口、贫困户数目、取暖条件等基本情况后，确立了捐赠对象——天水市清水县、甘南藏族自治州夏河县和白银市景泰县的贫困家庭。随后再对接各乡县政府，由各乡镇驻村干部走村入户，进行摸底调查，提供捐赠名单及其家庭概况，并由王文龙

一氧化碳报警器捐赠仪式现场

和他的同事进行筛选。最终，建档立卡的贫困户、生活困难的老党员、一二类低保户、五保户及重大疾病或残疾人家庭等贫困家庭获得了此次捐赠。

晨兴走，带月归，在路上

山路坎坷漫长，磨灭不了王文龙和杨新胜科技扶贫的热情。短短4天的时间，他们便完成了一场跨越千里的爱心捐赠，体现了什么叫“长江速度”。

2020年元旦刚过，王文龙和杨新胜便马不停蹄地出发前往甘肃。早上7点，天色微明，晨光熹微，他们驾车分别去往山门镇、拉卜楞镇和漫水滩乡，捐赠产品并教授村民如何使用，直到晚11时许，才踏着星光而归，每一日的行程都是好几百公里。

经常下乡做公益，王文龙对甘肃的地形较熟悉，便直接由他驱车前往各村镇。虽然当时的路途较为顺利，但是其中暗含的危险，让杨新胜回忆起来仍旧感到后怕。乡间路窄，道路崎岖不平，有时一边是高山，另一边就是悬崖。甘南藏族自治州部分地区的海拔高达2960米，他们去的那次还“幸运”地感受了一下鹅毛大雪的洗礼。

捐赠过程最大的问题是语言不通。王文龙和杨新胜听不懂当地方言，村民们大多也不会讲普通话，教学过程略显艰难。

幸运的是村干部们的文化素质很高，负责为他们翻译。更让王文龙和杨新胜欣慰的是看到村干部和当地村民相处融洽。从交流中，能感受到村干部对每户家庭的情况都非常了解，村民们也很尊重村干部，对他们的工作十分配合。王文龙和杨新胜每每跟随村干部进到村民家里进行一对一教学指导时，村民们对待他们就像对自家人一样热情。

在脱贫攻坚的道路上，村干部尽职尽责，切实考虑到每一户贫困家庭的具体情况，为摘除“贫困帽”献计献策。正是这种融洽的关系，让王文龙和杨新胜的捐赠工作得以顺利进行。

走村入户进行教学的过程中，还发生了一些让王文龙和杨新胜啼笑皆非的事情。

西北偏远农村地区的人们对电器普遍很爱惜，比如会专门找个罩子把电视机盖起来，觉得这样可以很好地保护电视机，让它们远离灰尘。

同样出于对一氧化碳报警器的爱惜之情，有一个村民在王文龙和杨新胜刚要准备转身离开时就找了一块白布把它盖上。但是用白布盖上以后，报警器所感知到的一氧化碳浓度和空气中的实际浓度是有差异的，这会影响传感器的灵敏度。所以他们看到后赶紧叫村民把白布取下来，并在之后的教学中跟每一个捐赠对象都反复强调，一定不能用物品遮挡报警器。

还有一次教学的过程中，有村民提问，这个东西报警以后是不是把上面的按钮按一下就可以了啊？弄得杨新胜忍俊不禁，他赶紧解释道：“报警以后就说明室内的环境已经不安全了，需要马上开窗通风，关闭炉具，最好把家里的人撤离到室外空气通畅的地方去。”

村民们这样的提问，也让杨新胜意识到对于这些人来说，自己的产品或许还不够智能。未来在设计产品时，他打算在报警铃声响起后加上语音提示，直接提醒大家开窗通风，让村民们听到提醒以后就知道该怎么做了。

村民的使用反馈对杨新胜来说是他此次公益行最大的收获，因为只有跟用户深入交流后，才能让他更加清楚地认识到自己的产品存在的问题。

杨新胜向村民们展示如何正确使用一氧化碳报警器

有一个小细节让桑镇长很感动：杨新胜本人送来的东西除了一氧化碳报警器，还有三节南孚电池。原来是杨新胜担心村民去小卖部买的电池质量不好，影响报警效果，就买好电池一起送来了。这些电池够村民们用两三年。

更让桑镇长欣慰的是他们作为企业人士，不计较个人得失，时刻挂念着贫困农村的群众。山门村地理位置偏僻，从兰州市到天水市，再到清水县、山门镇，最后到达山门村，数小时的车程。公益小分队的成员们不惧路途遥远，不畏天气严寒，桑镇长表示他们身上所体现出的大无畏的精神，对她的帮扶工作也起到了不小的激励作用。

自从收到并安装上一氧化碳报警器，山门村再没发生过一氧化碳中毒事件，项目的捐赠不光解决了村民一氧化碳中毒的问题，还增强了大家的自我保护意识，让他们对煤烟的危害有了更深刻的认识，在今后的生产、生活中也更加注重安全。

科技扶贫，长江助力

看似简单的捐赠，背后需要克服的问题却不简单。公益小分队和长江师生齐心协力，共同完成了这次科技扶贫的爱心捐赠。

传感器的研发初期遇到了很多困难。杨新胜公司的产品长期出口欧洲，欧洲普遍使用燃气炉取暖，所以空气中一氧化碳的浓度相对来说比较低。按照欧洲的标准，空气中一氧化碳的浓度达到 50ppm 后，要在 60～90 分钟内报警；达到 100ppm 后要在 10～40 分钟内报警；

达到 300ppm 要立即报警。

然而对于长期使用煤炉的家庭来说，一氧化碳浓度经常超过 50ppm，如果直接将欧洲标准的产品捐赠给甘肃贫困户，就会发现它们每天都在报警，时间一长就产生“狼来了”的效应。因此，杨新胜带领公司的技术人员按照新的标准，针对传感器的阈值做了一些调整。

除此之外，传感器的使用寿命不够长也是一个棘手的问题。在中国，西北农村地区家庭的一氧化碳浓度通常为 10～80ppm，且有的地区冬季长达四五个月。这个自然条件比欧洲恶劣得多，在如此严苛的条件下，如何保证一氧化碳传感器长时间稳定可靠地工作，是一个巨大的挑战。

为了延长传感器在高浓度一氧化碳环境中的使用寿命，杨新胜和同事不断尝试，屡试屡败，屡败屡战，最终发现使用金属和非金属组成的合金催化剂能够明显延长传感器的寿命。

尽管遇到了不少“拦路虎”，但杨新胜表示：“你做好事大家都会来帮忙。”研发遇到困难时，班里不少同学给出专业建议和可行的解决办法，甘洁教授、高秉强教授、李泽湘教授等人也在项目实施的过程中给予了诸多指导和支持。

同时，杨新胜认为遇到有情怀、热心公益的投资人也很重要。如果不是东莞松山湖机器人产业基地投资人的鼎力支持和慷慨相助，捐赠项目的开展会异常艰难。

一氧化碳报警器项目获评第六届长江公益奖“年度长江公益项目”，王文龙和杨新胜分享心得

除了一氧化碳报警器的捐赠项目，“长江商学院智造创业 MBA 首班公益小分队”还连同北京向荣公益基金会发起敦煌助学公益行。2019 年 10 月初，公益小分队前往甘肃省酒泉市的敦煌市三危中学（九年一贯制学校），为学校捐赠书本、学习用具、扫地机等物品。为了发挥智造创业班的特长，未来大家还计划在学校搭建一个小型科技馆，让贫困地区的孩子也有机会接触科技，学习科技，认识科技的力量。

同学们日常学习和工作繁忙，但都尽量挤出时间去学校参加座谈会，商讨科技馆的建设事宜。

公益小分队在敦煌市三危中学开展助学公益行

王文龙和敦煌市三危中学学生们的合影

芳香四溢：长江力量滋养四方

扶贫工作并不只限于捐赠。一氧化碳报警器发放完以后，王文龙委托各地村干部入户收集每个家庭的使用情况，把他们对产品的真实使用情况和感受反馈给杨新胜，以便于他进一步完善、改进产品质量。

“甘肃贫困户一氧化碳报警器捐赠项目”算是杨新胜第一次真正意义上从头至尾参与的扶贫项目，作为一名专注于科技创新的企业家，他谈到自己最大的感受是“科技最终还是要以人为本。不管研发什么产品，都应该做到以人为本，尤其是作为一个影响生命安全的产品，对品质的要求是很高的。很多人认为一氧化碳报警器只是一个简单的产品，甚至认为那是一个玩具，这种认识是不对的。作为一家刚起步的创业公司，我们能做的事情有限，所以希望通过这些公益扶贫项目，让其他公司改变他们的认知，引领整个行业走向健康发展之路”。

目前，杨新胜跟同事正在考虑研发区域型的联网报警器，即在每个传感器上再加一个感应器，初步设想是以乡为覆盖面，当某个用户家庭的一氧化碳浓度超标以后，不仅自己家的报警器会响，联网的其他家的报警器也会响，提醒他们哪家现在有危险，以利于救护人员及时赶到，展开救助。

2021 年年初，王文龙与杨新胜如约再次来到甘肃农村，为贫困家庭捐赠了 500 台一氧化碳报警器。

“我们的产品正在守护 1000 个贫困家庭的生命安全”，这是王文龙和杨新胜最欣慰也最骄傲的一点。

他们约定好，以后每年都要捐赠一批一氧化碳报警器给甘肃的贫困地区，用科技打造一堵生命的安全墙，守卫贫困民众的生命安全。个人和一两家企业的力量有限，未来他们也希望有更多人能加入他们的行列。

科研不止，公益不息。心系扶贫为民生，在科技助力公益的道路上，长江学子一马当先，日行千里送福音，用自己的行动温暖了甘肃贫困家庭的整个冬天。

对话长江智造创业 MBA 首班学员、兰州市安宁区百合公益组织发展中心理事长王文龙

问：为什么会想到给甘肃省贫困户捐赠一氧化碳报警器？

王文龙：2018 年的时候我在新闻上看到有一对姐弟俩早上九点没去学校上学，是班主任后来到他们家才发现他们一氧化碳中毒了，发现的时候已经没有生命体征了，当时就特别痛心。在北方冬季取暖的季节，经常听到有人一氧化碳中毒。在一次小组讨论中我跟新胜便商议说，给贫困户捐一氧化碳报警器，并教他们怎么使用。因为在农村很多人连基本的常识都没有，就认为是俗称的“被煤烟打了”。每年都会听说自己村里、周边村子里、县里发生一氧化碳中毒，甚至会因此失去生命，有的脑神经受伤，有的偏瘫，村民口口相传都知道这些事情的发生，但是却不知道有这个可以保护生命安全的产品的存在。

我们希望通过捐赠引起大家的重视并提升自我保护的意识。

问：您怎么看待科技与公益的关系？

王文龙：我认为在公益领域应该加大科技的元素。我原本做的公益都集中在传统的教育、医疗方面，要么对一个机构，要么对一个个体，捐赠轮椅、做心脏手术所需的资金等，对科技没有太多的认知，比如做心脏手术时，医生用了一些先进的治疗手段，自己只能感叹科技的厉害，但并没有参与其中。

通过跟新胜的合作，我发现通过网络，比如区域型互联网，可以减轻很多劳动强度，不用进入每家每户，通过传感器或联网装置，每家的情况能及时反映到乡镇，不仅提高了乡镇的管理效率、服务效率，也能及时解决问题。以前我们做公益帮助的是单个个体或者小的群体，但现在通过科技覆盖的人群更多、范围更广，效率也更高了，所以应该加大科技在公益上的力度。

问：长江商学院的课程给您的思维带来了哪些改变？

王文龙：把我的眼界打开了。以前我总以为中国的很多产品都走在世界的前端，但是经过各种课程的学习，在老师的带领下，我发现我们有的技术与国际还是有一定的差距。

我们的低端到中端产业还不错，但是在高端产业方面还是跟德国、日本、瑞典等国家存在差距，中国的科技发展还有很长的路。通过课程的学习，我知道我们不能自满于强大的市场带来的繁荣，现有的短板一定要补齐。

问：您觉得为什么你们的项目可以在第六届长江公益奖上脱颖而出？

王文龙：因为我们确实运用科技做了一些事情。我们的项目本身是捐赠科技产品，产品也实实在在地保护了人们的生命安全。虽然我们的捐赠数量有限，捐款金额远远不如长江的其他校友，但是通过捐赠项目的推动，影响大家的安全理念，提升了大家自我保护的意识。通过宣传向大家普及了这个产品，有购买能力的人自己主动购买了，那么我们最后达到的效果就远远超过了我们捐赠的东西本身。我们所传播的安全意识是无价的。

问：您认为这个项目还有哪些不足或亟待完善的地方吗？

王文龙：我们考虑未来在不增加太多成本的情况下建设小型的公益互联网，做区域型的联网报警器。也就是在每个传感器上再加一个感应器，最好以乡为覆盖面，某个家庭的一氧化碳浓度超标后不仅自家的报警器会响，联网的其他家的报警器也会响，提醒他们哪家有情况，能不能叫一个青壮年去看一看。因为现在有报警了，但是存在老年人因体力太差没法自救的情况。

问：是什么因素驱动您坚持做公益？

王文龙：很多外地企业和海外华侨都是不远万里来到甘肃做公益

项目，虽然非亲非故却愿意提供帮助，自己作为本地人提供一些辅助服务促成事情的完成，付出一点时间和精力是应该的。新胜不是本地人，知道甘肃的情况后也愿意无偿捐赠。我们作为本地人，付出一点时间和精力是可以承受的，做一点事情改善家乡的条件也是很有成就感的。久而久之就觉得公益是自己生活和工作的一部分了。

问：您如何看待长江商学院“无公益，不长江”的理念？

王文龙：我觉得这个理念提出得挺好。2008 年汶川地震以后，青年人的公益理念逐渐增强，也出现了很多公益机构，有正式注册的机构，也有民间自发的，这说明人们的公益意识被唤醒了。

长江商学院作为专门的教育机构，率先提出了这个理念并认真践行，还设置了公益学时，每个班级都有自己的公益组织委员和公益分队，根据班级同学的行业背景，关注不同的领域。

现在长江商学院提出了公益 4.0，每个班级和学生的使命都不一样，探索的东西也不一样，因为我们希望在公益领域做一些新的探索。在搭建公益组织架构的时候，别人可能还停留在捐款捐物的阶段，长江商学院的同学考虑的却是社会责任，自己在这些组织应当扮演的社会角色和应承担的社会责任。

本文作者　**朱潇逸**

案例点评

从王文龙先生、杨新胜先生化身“METI 报警侠”，为甘肃省农村地区贫困家庭捐赠守卫生命防线的一氧化碳报警器的公益案例里，我读出了三个公益故事。

这首先是一个西北青年，从学生到企业家一路参与公益的故事。毕业于甘肃政法学院的王文龙先生，怀着对家乡的热爱，一直关注家乡的发展。这种爱和关注，从大三开始，一直延续至今，从一开始自己支教，到带动周围的同学一起参与；从组建志愿者团队，组织爱心社到成立专业的公益组织——兰州市安宁区百合公益组织发展中心，王文龙先生越做越投入，越做越专业。

从这个故事中可以得到一些启示。今天我们在讨论共同富裕和第三次分配，企业家如何能通过公益慈善等第三次分配助力共同富裕？当务之急是培养企业家的公益精神和慈善理念，而其中的关键可能是让更多的企业家以及青年人有机会参与公益，体验公益的价值和意义，从关注家乡的发展作为起点，可以从做志愿者或简单的捐钱捐物开始，随着参与和了解的深入，可以选择成立基金会等专业的慈善组织，系统性地探索社会问题解决方案，一步一个脚印，越来越深入也越专业。

这也是两个长江人携手做公益的故事。长江商学院的公益理念是“无公益，不长江”，因为同在长江商学院智造创业 MBA 首期班，王文龙先生认识了杨新胜同学，并共同投身到研发和生产一氧化碳报警器的事业中。他们参与这个研发事业共同的初心都是源于对儿时身边亲戚邻居一氧化碳中毒事件的深刻记忆，这也是在西北农村长大的我，儿时深刻的记忆之一。一氧化碳中毒在北方农村的冬季是高发事故，往往在不知不觉中夺去了一家人的生命。因此在比亚迪研究电动汽车燃料电池的杨新胜同学发现燃料电池还能用于制作一氧化碳传感器后，立即辞职创业，投身到这个用科技守护生命的伟大探索中，最终在身兼企业家和公益人的王文龙同学带领下，带动更多的同学一起参与，并成立公益小分队，通过为甘肃省农村地区贫困家庭捐赠一氧化碳报警器，守护生命。

这是一个用科技解决乡村生活痛点的公益故事。科技向善的价值，就是针对一个个社会痛点问题，利用科技的力量，探索出创新、有效的解决方案。这样的解决方案一定是建立在对真实需求的调查分析，对社会问题的洞察基础上。在面对一氧化碳中毒这个北方农村痛点社会问题的时候，王文龙同学也考虑给农村地区捐赠电炉，从源头上遏止一氧化碳的产生，但他意识到这个方案会因为农民承担不起电费而成为无效解决方案。为让一氧化碳报警器能在西北农村真正发挥作用，公益小分队深入一线，针对真实的场景指导并培训农民，同时调整了报警器的功能参数以及解决了传感器的使用寿命不够长等棘手的问题，并进而探索研发区域型的联网报警器。这个故事背后也体现了我不断强调的科技向善的核心在于人心向善、人性向善，王文龙、杨新胜的善良，对被一氧化碳中毒威胁的北方农村居民的悲悯和关爱，让他们对这个社会痛点更感同身受，也驱使他们不断深入一线，了解真实场景下的需求，并持续进行技术解决方案的迭代和创新，希望能找到一个系统性、高效的解决方案。

窦瑞刚（腾讯公益慈善基金会执行秘书长）

“少塑生活家”：让“少塑”成为多数

近年来垃圾减量分类成为全国的热点公益话题，其中对环境破坏最严重的“白色污染”更加令人关注，一部《塑料海洋》纪录片风靡全球。

就在此时，由长江商学院 FMBA（金融工商管理硕士）2018 深圳班发起的“少塑生活家”项目，聚焦塑料垃圾排放问题，没有宏大的活动场面，倡导每个人从生活细微处做起，在学校学习期间、在生活工作中、在集体活动时，处处留意减少塑料的使用，同时做好记录、宣传，影响身边的人加入行动。“少塑生活”看似举手之劳，但难在持之以恒的自律意识，贵在从点滴做起的生活习惯。

通过本项目的实施，FMBA 2018 深圳班的塑料瓶装水使用率降低 80% 以上，公益服务 42 人次，编制废网回收袋 50 个，清理户外塑料垃圾 60 公斤，产出“少塑生活”日记 162 篇（每人 3 篇），在学院刮起了一场环保风暴，得到校友、在校师生的高度评价。

环保公益时尚又活泼

“还是做环保吧，环保公益很时尚又活泼！”深圳市社会公益基金

杨钦焕，FMBA 2018 深圳班公益委员，他在 2019 级开学典礼和“公益第一课”上分享“少塑生活家”项目

会秘书长杨钦焕记得，他所在的长江商学院 FMBA 2018 深圳班，经过全员策划、讨论，在扶贫、教育、养老、环保等公益可选项中选择做环保公益。相比其他公益项目，环保公益更贴近同学们的日常生活，更容易实施并能长久坚持，从而将公益成为一种可持续的生活方式。

在 FMBA 2018 深圳班中，杨钦焕来自公益行业，获得了公益奖学金，其他学员大多来自商业领域，在进入长江商学院之前，他们对公益所知不多。而对长江商学院而言，公益一直是长江商学院及长江人的文化基因。

早在 2008 年汶川地震中，长江校友和校友所在的企业的捐款达到

4.3 亿元，占中国机构捐款的 7%。2010 年，长江商学院在 EMBA（工商管理硕士）项目中引入必修公益学时，成为全球第一家设置公益学时的商学院。2014 年，长江商学院也率先为 EMBA 增设"公益第一课"。2016 年将社会创新课程系统引入管理教育。这是长江商学院重视商学教育社会功能并引领世界管理教育创新的又一项引领式创新。

如今，"无公益，不长江"已深入人心，公益与社会责任已经成为长江人的文化基因。按照长江商学院的培养要求，每个 FMBA 学员必须完成规定的 24 小时公益学时。这要求学员们在学习商业新知，升级商业思维之余，还要具备基本的公益素养。在公益与责任的学院气氛中，来自公益行业的杨钦焕被选为班级公益委员。

杨钦焕担任深圳市社会公益基金会秘书长，他长期从事社会工作和公益慈善的创新探索和实务服务。针对环保公益，他将这一领域分为三大类：斗士型环保公益、教育体验型环保公益与创新项目型环保公益。

第一类环保公益的从业者如同环保斗士，发现哪里有危害环境的行为存在，他们便一追到底，他们多与政府、污染企业等打交道，而与公众接触并不算多。第二类环保公益注重实际体验，公众喜闻乐见，聚焦于参与体验、志愿服务，整体社会参与度高。第三类环保公益以项目的创新性和有效性取胜，适合小而美的公益机构。

结合各类型公益项目的优劣及现实可行性，杨钦焕最终提议做教育体验型的环保公益，并将环保聚焦在减少塑料使用这一细分领域。

他策划发起“少塑生活家”项目，号召“让少塑成为多数”，提倡每个人将“少塑”融入生活，成为一个在日常行为中践行环保理念的生活家。

在公益行业浸润已久，杨钦焕对公益的理解不断深化，“做公益不是要做多么惊天动地的事，而是从身边小事做起，培养一种生活习惯。减少塑料使用，不是很宏大的公益项目，但可以融入每个人的日常生活，更容易落地和长期执行。”

人人可参与的环保公益

为何选择塑料？

塑料并不陌生，且已成为现代生活的重要组成部分，从食品包装到服饰、家具和汽车等，塑料随处可见。为人们生活提供便利的同时，塑料因经久耐用、难以生物降解，从而对环境造成严重污染。

FMBA 2018 深圳班集体观看过《塑料海洋》纪录片，塑料对环境的危害令所有人触目惊心。据媒体报道，全球每年产生超 3 亿吨的塑料垃圾，每年有 800 万吨塑料进入海洋，相当于每分钟有一卡车塑料进入海洋。在海岸线、海洋表面以及海床上所积聚的垃圾中，塑料占比高达 60%～90%。

而塑料垃圾的呈现形式在生活中十分常见，比如塑料袋、食品与饮料包装等。这些塑料垃圾威胁 800 多种海洋生物的生命，并且会进入鱼类等海洋生物体内，接着塑料经由食物链，最终抵达人类的餐桌。

皮尤慈善信托基金会高级官员温妮·刘曾表示，“进入海洋中的塑料会被洋流带到很远的地方。它们的身影遍布全球，甚至在遥远的南极洲和地球上最深的马里亚纳海沟都能找到它们。”在塑料“随波逐流”的过程中，塑料垃圾被分解为直径小于 5mm 的微塑料，从而破坏海洋物种的生态环境和机体健康，并经过食物链系统进入人体，危害人体健康。

一旦对塑料的危害有所了解，以“少塑”为核心，FMBA 2018 深圳班为“少塑生活家”项目设计了三大板块。

公益从身边开始，FMBA 2018 深圳班同学们率先在商学院内部减少塑料使用。按照惯例，原本商学院为每个班级提供瓶装水，但 FMBA 2018 深圳班倡议取消瓶装水供应。因为瓶装水虽然便利，但也会造成严重的塑料污染。目前市场上通用的瓶装水大多是 PET 瓶（聚对苯二甲酸乙二醇酯），这种塑料瓶只能一次性使用，由此产生的塑料却需要经过几百年的降解，不仅破坏生态平衡，还会严重污染土壤和水资源。

作为替代方案，FMBA 2018 深圳班班级公益委员会专门为同学们准备了保温杯，同学们也可选用商学院提供的陶瓷杯。“不管采用什么样的方式，最后目标是保障班级课堂上不出现瓶装水”，据杨钦焕估计，三年商学院研习课程下来，深圳班减少了近 2000 瓶矿泉水的消耗，大约减少了 180 千克二氧化碳的排放。

除了深圳班，同学们也将倡议扩展至商学院北京班、上海班乃至整个商学院。在 FMBA 2018 深圳班的带动下，整个商学院刮起了一场环保风暴，同学们纷纷效仿，尽量减少瓶装水的使用，这一环保行动得到在校师生、校友高度评价。

除了对课堂教学内容做出调整，“少塑生活家”项目也延展至长江商学院之外。

按照惯例，每年商学院班级会组织多次课外集体拓展活动。为配合公益项目，同学们有意将集体拓展活动转型为公益拓展活动。在公益委员会组织下，FMBA 2018 深圳班同学参与了公益电影观影会、垃圾清扫跑团、清滩行动与垃圾焚烧厂观摩等公益性拓展活动。

活动结束后，FMBA 2018 深圳班全体同学共同约定，每个人将自觉践行“少塑”理念，主动将其融入日常生活。同学们被鼓励记录每次“少塑”行为，小到一次拒绝使用塑料袋，出差自带塑料牙刷和拖鞋等日常行为。被记录下来的“少塑”行为可提交至班级公益委员，记为 3 个公益学时。

“我们要求做三件公益行为可获得公益学时，看起来似乎不多，但其实是倡导性的，不会让同学们有什么心理负担，大家会更轻松地做公益”，杨钦焕说。

FMBA 2018 深圳班同学组织《塑料海洋》公益观影会

在班级、学院之外，“少塑生活家”项目也面向社会、公众科普“少塑”理念。叶姿是 FMBA 2018 深圳班的学员，也是简爱家居品牌负责人及简爱生活馆首席运营官。品牌运营和传播上的丰富经验，让她成为“少塑生活家”项目中的核心传播官。

得益于商业推广经验，叶姿懂得如何做公众传播。“关键是要让公众觉得这件事并不遥远，而是与自己息息相关”，她收集了塑料与海洋生物数量减少、二氧化碳排放、全球温室效应相关的科普材料，以生动有趣的方式向公众宣传。

在她看来，当下许多环保组织的公益传播偏严肃或煽情，“就传播规律而言，还是有趣的内容比较容易打动公众并引发后续传播。”

在制作物料内容方面，面对数量众多的环保资料，叶姿精心选取了呈现塑料与海洋动物生死存亡相关的科普内容。在选定传播内容后，叶姿又缩小了传播对象范围，将传播对象聚焦在两大群体，“一个是高知人群，他们更容易理解并接受环保科普；一个是青少年群体，他们容易被影响从而养成环保的生活习惯。”

深度且低门槛的体验教育

围绕“少塑生活家”项目，公益委员杨钦焕策划了几场环保主题的体验教育活动。

2019 年，FMBA 2018 深圳班与深圳市大鹏新区珊瑚保育志愿联合会（简称“潜爱大鹏”）合作。班级同学集体来到海边，一边现场聆听专家做环保科普，一边卖力清理沙滩垃圾，将从海底打捞上来的废弃渔网编织成环保垃圾袋。“通过科普，大家了解海洋垃圾不只是游客丢弃，主要是海漂垃圾，漂到沙滩上的。”杨钦焕介绍。

随后在“99 公益日”，同学们也主动为“潜爱大鹏”捐赠资金以保育珊瑚。

2020 年元旦，借助深圳市市委宣传部发起的“新年步步行善”元旦公益跑活动，班级学员自发成立扫尾跑团，追随跑团行进的路线，一路清理沿途垃圾。“拿着在‘潜爱大鹏’编织的环保垃圾袋，一共清理 300 多千克垃圾”，杨钦焕回忆。为增加教育体验，知名环保人士马海鹏现场为学员带来一场深度环保公益讲座。

FMBA 2018 深圳班同学在大鹏半岛开展“废网重生”活动

为帮助学员深化“少塑”理念，杨钦焕组织班级同学前往广东博罗的光大国际垃圾焚烧厂，调研塑料垃圾的危害和处理情况。在焚烧厂，同学们看到地上砌着一座座小山似的垃圾堆，“熊熊烈火焚烧，场面十分震撼”。与班级学员同行的还有几位在长江商学院研学的瑞典企业家。这些从事环保行业的企业家还向现场的同学介绍了北欧在

FMBA 2018 深圳班同学组成“减塑跑团”，为深圳市委文明办的“新年步步行善”活动做环保志愿服务

垃圾分类、处理方面的经验。

相比其他环保项目，“少塑生活家”项目的创新在于不拘泥于单次的公益服务，而是着重做深度的体验教育。

2019 年，FMBA 2018 深圳班与万科基金会、广西生物多样性研究和保护协会合作，面向市民组织了一场《塑料海洋》的公益观影活动。“我们学员也给大家分享观后感，讲解‘少塑’理念怎么在日常生活中应用。”杨钦焕对《社会创新家》说。

叶姿认同“少塑生活家”对人思想的启蒙与改变，“不是我们常见的那种捐款捐物或宏大的实体活动，而是倡导每个人从生活细微处做起。参与门槛不高，容易带动更多人加入，将‘少塑’作为自己及周围人的一种生活方式。”

谈及“少塑生活家”的项目影响力，杨钦焕计划向同学们回收项目体验作业，“2021 年 10 月份我们就要毕业了，在毕业典礼前，我们计划回收学院的公益成果和体验，每个人要做一个报告”，杨钦焕认为目前还不足以完整地评估项目影响力。“我们这个项目在学院内成效比较明显，同学们在学院和各自家庭都践行了‘少塑’理念，但社会影响力还是有些局限，因为我们没有做很多社会性的宣传。”

但在叶姿看来，缺乏社会知名度并不削弱“少塑生活家”项目的价值。“我们这些被项目影响的学员，哪怕我们今天买菜时少用一个塑料袋或换成环保袋，抑或我们参加一个捡拾垃圾的活动，甚至我们只是向周围人传导了‘少塑’的理念，项目的目的就已经达到了。”

谈及制约项目影响力的主要问题，叶姿认为主要受限于发起团队的规模和专注力上。“大家在项目的时间、精力投入比较有限。同时，环保项目本身还应该有一个长期的目标和各阶段量化的目标，而不只是一个长期的愿景。”她认为目前“少塑生活家”项目更多是 FMBA 2018 深圳班的集体倡议、兴趣爱好或小目标，还没有将其当作一个很大的集体事业来推动。

但这并不妨碍叶姿认可“少塑生活家”项目具有的社会价值。她联想到卖场上常用的“尝鲜”策略，先吸引消费者，带动消费者尝鲜，消费者体验之后可以做出是否为之买单的决策。同样，“少塑生活家”项目简单，参与门槛较低，方便带动公众“尝鲜式”地体验公益，从而快速铺开，影响到更多人。

“这个项目更多是对人思想的启蒙和理念的改变，不是实物形式的公益，这是项目最具创新的地方。”叶姿说。

FMBA 2018 深圳班同学前往广东光大国际垃圾焚烧厂，调研塑料垃圾的危害和处理情况

杨钦焕也认可“少塑生活家”项目的社会创新性。“不只是自己践行‘少塑’的生活方式，而是通过各种各样体验教育，来改变身边人的认知、理念，甚至思考塑料使用背后的社会机制、问题，并提出各种解决方案，这就是长江商学院一直倡导的新公益，是一个社会创新。”

商业、公益跨界联合

2020 年，“少塑生活家”项目获评为第六届长江公益奖年度长江公益项目奖。

此前，叶姿对公益、环保了解并不多，如今她已习惯在车里准备环保袋。

“我们班级大多同学都不再使用塑料袋了。公益委员会制作了一些环保袋，除了我们班同学使用，也赠送给其他商学院班级，作为对他们参与‘少塑’行动的一个证明和奖励。”叶姿不仅在日常生活里尽量减少塑料使用，也将‘少塑’的环保理念融入商业中来。

“我们关注到，国内倡导环保经济、绿色消费的人越来越多，大家开始关注之前不会阅读的环保新闻、环保科技、环保新材料等信息。这些与我们家居行业息息相关，我们也要适应消费者消费理念、方向的改变，虽然现在这部分消费者似乎是小众，但之后绿色消费会成为社会主流，这部分小众消费者会成为大众消费者。”叶姿早早开始调整企业里的家具零售版块。

她大幅减少家具卖场里对塑料制品的呈现，而是转向推介玻璃或环保新材料制品。“很少提供塑料吸管，而是采用玻璃吸管或者新材料吸管。还有家纺用品，更多采用纯天丝，减少尼龙材料、后续染织化工等”，叶姿在供应商、渠道平台和合作品牌的选择上，除了考虑成本、信誉，也将合作方是否环保纳入考虑范畴。

在面向消费者的市场前端，叶姿有意识地将环保融入产品推广中，“确立自然环保元素的消费主题，引导消费者绿色消费”。

在公司业务之外，叶姿也在企业发起“少塑”环保的公益行动，倡导企业员工参与徒步、捡垃圾、“少塑”等活动，鼓励大家不仅自己要养成环保的生活习惯，也要向身边人传播环保理念。

而在长江商学院学习之前，叶姿对公益的理解还停留在教育、扶贫等层面。谈及在长江商学院的学习体验，叶姿感叹，除了认知与视野层面的提升，她更有意识地将公益思维渗入商业经营活动中。而杨钦焕则是将商业金融领域的理念、知识和工具，借鉴至公益事业中。

叶姿，简爱家居品牌负责人及简爱生活馆首席运营官

“我记了八本笔记”，杨钦焕将从商学院学习的成本控制、现金流管理等商业知识应用到公益活动中。“譬如现金流，基金会多考虑经营现金流，但不考虑负债和投资维度的现金流。但当一个主体发展到某种程度，需要通盘考虑三类现金流。”

如今在基金会的具体实务中，杨钦焕尝试开拓新的布局和投入，敢于对一些项目做出承诺，敢于签署一些超前的协议，提升基金会的运转效率。

杨钦焕十分认同商学院对公益的理解，“虽然商学院不是一个专业的公益机构，但对公益的理解非常前沿，不断跟随社会需求迭代公益的理念和方法论，嗅觉十分灵敏，重视校友对公益的理解和实践，启发企业家重新考虑财富的分配，如此多方受益，多方共赢”。

2021 年 10 月，FMBA 2018 深圳班届时将毕业，但学员们约定，“少塑生活家”理念不会结束，而是会融入日常生活，成为每个人的生活方式。

对话深圳市社会公益基金会秘书长杨钦焕

问：其实国内环保组织不少，但公众环保教育似乎还存在很大提升的空间，你觉得问题主要出在了哪里？

杨钦焕：一个大挑战是环保这个话题，公众已经听了太多次了，公众关注环保但又不捐赠。环保公益不像扶贫济困，后者更容易打动公众，而且政府也引导资源向这一领域倾斜。这就导致愿意为环保捐赠的还是那些环保意识比较强的少部分公众，因此环保公益得到的支持其实还不够。

问：你觉得“少塑生活家”项目最大的社会创新在哪里？

杨钦焕：虽然该项目的社会影响力、知名度不算特别高，但商学院十分肯定项目存在的价值，比如2020年我们获评长江公益奖。与其他环保项目相比，“少塑生活家”项目不是一个实体服务类项目，其实是一个教育体验类项目，强调的是通过体验式教育来改变人的认知和观念。

问：在长江商学院的学习，对你个人有哪些影响和改变？

杨钦焕：我在商学院学习期间，总体成长蛮快的。我个人是社会学背景，来商学院后，我记了八大本笔记，学习很多经济金融知识，从这个角度深入了解社会的运转，视野得到极大开阔。同时，这也帮助我推动公益与金融结合，做了一些公益金融项目。

商学院十分重视公益，对公益的理解不断迭代，虽然不是一个专业的公益机构，但对公益的认知非常前沿，以我们面对的社会问题作为公益需求，随着社会的变化不断调整公益方向，整体是十分敏锐的。

商学院还非常重视推动校友增强对公益的理解和实践。很多企业家学员对财富有了更深刻的认识，更有动力去从事公益，使财富在公益中变得价值最大化，从而做到多方共赢。

本文作者　**浮琪琪**

案例点评

“少塑生活家”这个项目让我眼前一亮，因为我在长江商学院上课的时候，也是每次都会默默地把放在桌上的瓶装水拿开或放回讲台，然后用自己的水杯或者学校的瓷杯喝水，当时给自己定的目标就是尽量在长江商学院上课期间，一瓶瓶装水也不喝，这样能减少我个人对一次性塑料瓶的使用和消耗。但我只是自己做了，没想到杨钦焕和他班上的同学也有这个想法，而且将其推广开来，成立了“少塑生活家”的项目，从少用塑料瓶延伸到清理户外塑料垃圾、出差自带牙刷，少用一次性用品、观看环保公益宣传片、清滩行动、观摩垃圾焚烧厂。从自己改变，慢慢地带动更多人。

更为可贵的是，通过叶姿同学的案例可以看出，通过“少塑生活家”项目，她对环保从不了解到了解，从自己做好生活中的“减塑”，到影响自己的企业员工，更重要的是开始主动改变企业生产理念，将“少塑”行动贯穿企业生产经营的每个环节，同时也带动影响上下游供应链。这正是我们常说的“绿色供应链”“绿色消费”“不绿色，不采购”。由此我们看到了这个项目可以带来的巨大的、正向的社会效益，虽然一开始仅仅是从一瓶瓶装水而来。

我希望这个项目能够持续，能够在长江商学院推广开来，并且传承下去，如果长江商学院每个人每次上课少消耗一个一次性矿泉水瓶，一年下来总量是很可观的，还有垃圾分类、光盘行动、绿色出行……环保其实就在每个人的身边，都是小事，但人人都参与，就能成大事。环保是呼与吸，是蓝天、白云、大海和空气，是我们更值得投入的奢侈品。

张媛（阿拉善 SEE 生态协会秘书长）

微笑 1+1：让捐赠可持续、落到实处

学习，实践；创新，迭代。这是长江商学院校友的公益之路。他们总是善于在校友行动中发现新的社会痛点（尤其是那些不为常人所关注的），进而联合行动，并长期行动。

“微笑 1+1”公益项目，由长江商学院高远户外俱乐部与鸿基金共同发起，针对甘肃省酒泉市瓜州县家庭贫困、品学兼优的孩子们实施的一对一的公益捐赠项目。该项目在“第十四届玄奘之路商学院戈壁挑战赛”期间，面向所有长江校友进行募捐，每位校友捐赠 2000 元，对应支持一个贫困家庭的孩子一年的学杂费用。

该公益项目首次启动便获得热烈反响。截至目前，“微笑 1+1”公

长江商学院“微笑 1+1”合影

益项目共筹得爱心善款 32.4 万元，资助了 162 名贫困家庭的孩子，该笔善款已由鸿基金审核并发放给学校推送的品学兼优的贫困学生。

无公益，不长江。无兄弟，不戈壁

从2012年开始，长江商学院EMBA（高级管理人员工商管理硕士）15 期校友、北京元康福瑞医药科技开发有限公司董事长宋明选每年都会飞去戈壁。

从北京坐飞机到甘肃敦煌的这一路，宋明选在万里高空上俯瞰天工造物的盛景：自东向西，绿色的植被逐渐稀少，直到完全被一望无际的沙漠戈壁覆盖；雪山连绵起伏，零星的城市和村庄分散在绿洲周围，像是大自然的点缀。在大西北这片古老的戈壁滩上，他尤其能感受到人类的渺小。

宋明选

宋明选要去的地方是瓜州县（瓜州县西接敦煌市），这里自古以来就是东进西出的交通枢纽，古丝绸之路的商贾重镇，也是 1300 多年前玄奘西行求法的必经之路。每年 5 月，来自商学院的商业精英们便聚集于此，展开一场为期 4 天的徒步挑战赛。

2012 年，第七届玄奘之路商学院戈壁挑战赛（简称“戈七”），宋明选参加了长江商学院的 A 队（即竞技队），受益匪浅，从此喜欢上了戈壁徒步。当时，组委会将“戈八”的宣传职责交给了他。到了“戈九”，他一边带戈赛一边做公益。

长江商学院流传着一句话：无公益，不长江。无兄弟，不戈壁。进入长江商学院之后，学员们必上的一课就是公益课，每位 EMBA 学员在毕业前必须要完成 48 小时公益学时。参加戈壁挑战赛，接受茫茫戈壁的洗礼，队员们可以体会到超越自我的成就感，还能收获珍贵的友谊。参加过戈壁挑战赛的朋友，被称为戈友。

银河长江新村是长江商学院“公益之花”最初绽放的地方。银河长江新村是瓜州县的移民村，2006 年，村民从东部贫困山区搬迁至新村，这也是酒泉市对口扶贫的村庄之一。这个村子约有 1400 名村民，其中超过四成的村民人均年收入在 2300 元以下，处于绝对贫困水平。

2014 年，“戈九”的长江戈友为银河长江新村修建了 20 千米新水渠，以解决土地灌溉问题；接下来的“戈十”“戈十一”，长江戈友发起了“善果·枸杞”项目，帮助村民销售枸杞超过 10000 千克，村民人均年收入提高 35%；“戈十二”，长江戈友发起了自来水入户项目，让村民用上了 24 小时不间断的自来水。

长江戈友、长江商学院 EMBA 27 期校友曾花先后参与了“善果·枸杞”和自来水入户项目，她说：“到了‘戈十三’，我在组委会负责 C 队（即快乐队）和公益，觉得可以利用长江商学院校友的力量去帮助瓜州县贫困家庭的孩子，让他们看到外面的世界，感受到更多的温暖，我就提议发起‘微笑 1+1’项目。”

曾花参与“微笑 1+1”项目

“微笑 1+1”助学计划是鸿基金在关爱留守儿童“爱的背包”项目执行过程中，为帮助更多的落后地区需要帮助的适龄儿童，为广大社会爱心人士链接一条真实可靠的献爱心之路，而成立的一项资助偏远山区、农村的贫困学生顺利完成学业的一对一助学计划。

鸿基金的发起人之一陈伟鸿既是央视主持人，也是长江商学院的校友。自 2011 年成立以来，鸿基金一直致力于帮助贫困地区的留守儿童，给孩子们带去情感的关怀以及生活上的帮扶，以多种方式培养和提升留守儿童自强自立互助有爱的品格，助力他们实现梦想。

其中，“微笑 1+1”项目为贫困且品学兼优的小学、初中、高中学生提供每人每年 2000 元的助学金，帮助他们顺利完成学业、实现梦想，并且为孩子们解决生活中的烦恼。

让捐赠人知道帮助了谁

李登彪是“戈十三”组委会主席，他认为“微笑 1+1”是一个“关注面相对广、时间可延续、对每个捐款人的压力也不大、能落到实处”的项目。因此，当年组委会确立该项目为长江戈友的集体公益项目。之后，曾花马上联系了鸿基金。鸿基金负责贫困儿童审核、款项发放、项目落地等工作，“戈十三”组委会则负责联系瓜州县教育局。

曾花说：“瓜州县教育局很重视这件事，帮我们找到了相关小学的校长，最后项目得以覆盖很多乡村学校，选出贫困且品学兼优的学生。每一个孩子的学习成绩、家庭情况，我们全部提前做过调查，每个孩子都对应了班级、班主任、家庭。”

在戈壁挑战赛开始前，鸿基金组织了资助人与受助人见面会，让双方有更多深入了解和认识。之后，“戈十三”组委会号召长江戈友进行募捐，为每个孩子提供 2000 元的资助，相当于一个孩子一学年的学杂费用。

“十年树木，百年树人”，教育公益获得了众多长江戈友的支持，“戈十三”组委会募集善款到 63 万元，为 315 个孩子解决了学杂费问题。

一学期结束，每个受资助的孩子都给捐赠人写了一封信。曾花阅读这些信件的时候，忍不住流泪。“有些孩子写得很长，很好，你的心就变柔软了。你觉得自己做了一件很有意义的事情。人生中需要有这么一些时候，你不是在为自己做事，而是为别人的福祉贡献力量。你能感受到人间的真情，那些感觉特别美好。”

她把这些信拍成了照片，发到了每位捐赠人的手机里。

到了“戈十四”，“微笑 1+1”项目持续开展，整个项目累计收到近百万元的善款，解决了约 500 个孩子的学杂费用问题。

曾花说：“助学项目其实是传统的公益慈善项目之一，一对一则是‘微笑 1+1’项目的一大亮点。我们做过很多公益活动，但不知道帮助到了谁。‘微笑 1+1’是能够让捐赠人知道你帮助到了某个具体的人，而且是个有血有肉有笑脸的人。你能看到孩子们的成绩单、手写信，你会觉得自己做的事情正在对别人的学习、生活，甚至人生带来一点点改变，也是真正在为社会作一些小小的贡献，会感受到你的付出是值得的。”

曾花希望来自商学院的这群精英人士，通过这样一个公益项目，除了解决孩子的学杂费，还能为他们带去温暖，可以激励他们奋发向上、努力学习，在孩子心里种下一颗火种，鼓励他们追求更远大的目标和志向。

在“戈十三”的爱心捐赠仪式上，长江商学院管理学教授，对外事务、校区建设、行政事务、校友事务副院长及长江商学院教育发展基金会副理事长阎爱民教授曾表示，像长江这样的商学院，做公益，承担社会责任，是长江人义不容辞、天经地义的事。

少年强则国强，少年智则国智，长江商学院关注留守和贫困儿童的成长，帮助他们更好地完成学业，使得他们的未来无可限量。

戈赛的颁奖典礼会评选公益大使特别奖。这个奖项分量很重，也是戈赛中最难获得的奖项，是衡量一所院校正能量、爱与善行的重要指标。该奖项由各校提名，公益大使须占全部学校提名数的 2/3 以上。

在“戈十三”的评选中，长江商学院“微笑 1+1”的公益项目全票通过，长江商学院也成为“戈十三”唯一获得公益大使特别奖的院校。曾花认为，公益文化的传播说明长江商学院把教育为本落实得更加到位。“商学院不仅是传授商业知识，如果还能在人文、情怀、公益等方面给学员更多教诲的话，那么从教育的层面来讲，长江商学院做得更加完善。”

长江商学院“戈十三”爱心捐赠仪式

志同道合的人一起参与

后来，曾花在湖南老家炎陵也启动了类似的个人公益项目。她通过当地的教育局，联系了13个家庭经济困难的学生。之后，她带着自己的家人去探访这些困难家庭。

曾花说："这个项目开启了一年之后，我在老家做了公益图书馆、阅览室，还做了文化馆。"

对曾花个人而言，她从"微笑1+1"项目获得的最大收获便是更加了解公益组织的运作模式。公益不是一个人单打独斗，还可以邀请志同道合的人一起参与。作为专业的公益执行机构，公益组织既要募集资金，又要负责公益项目的落地执行，信息要公开透明，资金使用要对应到每一个具体的人，对捐赠人和受捐人负责。

对于"微笑1+1"这个项目，宋明选更多地是在反思如何让长江戈壁的公益更加完善。"长江商学院的学员平时都很忙，捐完款之后其实是需要有一个组织去不断地督促、提醒捐赠人去关注孩子的动态，后续要有更多的活动来连接彼此。"

宋明选认为，好的公益项目需要好的设计，对于这群时间、精力有限，但掌握了资源、有一定社会影响力的人来说，亲自参与型公益项目最有利于商学院精英成长。"长江商学院由来自不同行业的'牛人'们组成，其各自所擅长的也不同，如果能充分调动他们的强项来进行调配和置换，就会形成非常好的公益模式。过去的公益项目似乎都以捐款为主，缺乏个性化的设计。”

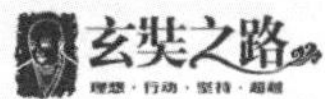

李登彪　　（拍摄：谱时智能影像）

如今，公益文化已然在商学院兴盛起来。李登彪了解到，目前大部分商学院都在建立自己的公益体系。“公益不能靠一两个人呼吁，别人会觉得你是不是打着公益的旗号在做自己的事情。但是在长江商学院，你说你做公益，没有人会有这样的想法，大家都觉得这个太正常了，你不做公益大家反而还会觉得奇怪呢。”

李登彪认为，做公益是否困难，关键在于公益文化的系统性铺垫。所谓“水到渠成”，当商学院甚至全社会都形成了公益文化氛围，做公益就成为一件自然而然的事情。

对话长江 EMBA25 期校友、“戈十三”组委会主席、长江公益大使李登彪

问：为什么做“微笑 1+1”项目？

李登彪：因为当地有很多贫困家庭的孩子需要帮助，“微笑 1+1”就是一个捐款人对应捐助一个孩子，一对一帮扶。对商学院的学员来说，2000 块钱并不算多。我们当时考虑，这个项目受众人群比较多，而且一对一也能让彼此有一个连接，如果第二年还想捐，可以再捐。

问：从 2014 年 10 月秋季入学长江商学院，现在已经 7 年了，这 7 年您的公益之路是怎样走过来的？

李登彪：来到长江商学院上的第一堂课就是讲公益，无公益，不长江。之后上戈壁，就是无兄弟，不戈壁。长江人的文化就是公益文化和戈壁文化。我加入长江商学院 7 年，戈壁徒步 6 年，这 6 年我一直在参与公益活动。生意人平时并不太关注公益，来了长江商学院之后才开始接触公益文化，慢慢参与，收获了很多。

在入学的那一年，我们虽然没有参加戈壁挑战赛，但参加了别的公益活动。那个时候多是以拓展活动的形式为主，比如去特殊教育学校给盲人孩子捐款。那时候的公益主要基于项目型，十几个人一起去做一件事，做完就结束了。

后来加入戈壁挑战赛之后，我才参与了比较系统、有一定规模的公益活动，五六百人一起做一些事，这时候对公益的参与就比较深入了。这几年经过长江商学院的公益文化和戈壁文化的熏陶，在有条件、有能力的情况下，我还是会去做一些公益。

问：您有个人参与公益事业的计划吗？

李登彪：我是“戈十五”“戈十六”的公益大使，同时也是戈壁公益大使的宣传大使。我不仅自己做公益大使，还要去各个商学院去宣传公益大使是做什么的，为什么要做公益大使。

问：做公益大使要如何向别人阐释“公益”这个概念？

李登彪：我觉得没有标准答案，我就根据自己的实际心路历程来讲一讲。我最初来长江商学院就是来上课的，后来接触了公益文化，还参与了公益活动，我的内心发生了改变，认为有条件的话，大家都可以花点时间去做公益。只不过根据能力的不同，大家做的程度不同罢了。

我在制订每个阶段的计划时，都会预留出一部分时间来做公益。我来自新疆，我也是接受了很多别人的支持才有机会改善自身的条件的。其实，力所能及地给别人一些机会，可能也是给未来的自己一个机会。

问：为什么参加过戈壁挑战赛的人都对戈壁有特别的情怀？

李登彪：我参加戈壁徒步 6 年，是老戈友了，每年去的身份都不太一样：“戈十一”的竞赛队队长，“戈十三”的组委会主席、领队，这两年（“戈十五”“戈十六”）的公益大使。

在长江商学院上学的第一年，我没有选择上戈壁，更多的就是同学聚会、学习，想着两年以后就毕业了。但是之后 6 年的戈壁挑战赛，让我的想法发生了转变。参与戈壁挑战赛产生了跨院校的强连接、强黏性。大家可能带着各自的目的来到戈壁，但戈壁不是一个生意场，它就是一个跑场，是一个比较纯净的跑场。很多人可能在戈壁上跑了很多年步，却不会问彼此是干什么的。

其实来戈壁不需要想太多，大家来休憩一下，相聚一下，不谈太多的杂事，见见志同道合的人。就跟过年一样，过年就得回家，到时间就去戈壁。回家能见到家人，去戈壁就能见到戈友，就是这么简单。

你有一个休憩地，待回归到日常生活，你会觉得好像倒了一次垃圾一样，把自己的心灵清理了一下。经过戈壁、黄沙、烈日这些艰苦环境的历练，不管多苦多累，走完之后，回来你会觉得心里的欲望和现在遇到的问题都不是事儿。

这种改变是耳濡目染的、心甘情愿的，没人强迫你。这种内心逐渐强大、转变的过程，不是你能用语言表达出来的，只有当遇到事儿的时候才能感觉到那些变化。

问：现在越来越多的商学院在倡导公益文化，您有什么建议吗？

李登彪：我觉得在整个商学院里，长江商学院的公益应该是做得比较好的。现在，我们作为公益大使，正在各个院校进行公益宣传。

单独去募资或者去做一个项目，可能有人会抱怨不太好做，尤其是长期的募资，日复一日，年复一年。但长江公益成体系之后，就有越来越多的人在做公益了，包括各个校友会。如果你是长江商学院毕业的学生，做公益就没有那么难。但是当我们去别的院校宣传公益的时候，会发现光是理解公益这个概念就要一段时间。

公益如果只有一两个人做的时候会很难，你会感到孤掌难鸣。公益文化需要传播，所谓“水到渠成”，水不到渠成不了。在长江商学院，大家都觉得做公益太正常了，你不做反而比较奇怪。

为什么说无公益，不长江呢？这个就是长江商学院把公益文化深深根植于基因之中，做公益难和不难就在于公益文化系统性的铺垫。

对话北京戈友公益援助基金会理事宋明选

问：您从“戈七”就开始参与长江商学院的公益活动，这些年有什么变化？

宋明选：每年都在不断地变化。最早是个人的行为，做到一定程度发现公益要跟政府结合起来。

最早是我们个人在当地义务种树，其实当地政府并不希望你大力去种树，因为瓜州县水资源有限。我一开始没太理解政府，以为是当地财政有限，政府没有精力关注这些。

我们从“戈九”开始和酒泉市联系，刚好酒泉市也有对口扶贫村，他们说这个地方太干燥，水资源特别珍贵。水是雪山融化后流过来的，用来浇地，但是往往流到中途水就干了，存不到地下。政府告诉我们，他们最需要的是修水渠，把雪山上的水引过来、存起来。

“戈九”那一年我带的是C队，我们跟当地政府商量，我们帮忙募捐，政府来配套资金，比例为1∶10。那次我们意识到和政府合作的好处，从此就开始尝试跟政府一起做公益，一方面能够得到政府的支持，另一方面也互为协同。我们获得了政府的配套资金，而且政府还负责水渠修建的施工、监理、检查。后来自来水入户，也是政府希望我们做的事情。

当地的特产是枸杞，我们提出帮他们卖枸杞，但需要政府保证枸杞的优质优量。政府的技术监督局来负责检查、监督全部枸杞生产过程和质量并出具报告，我们帮忙销售，卖出好价钱，利润全部用于当地枸杞产业的发展。后来，就形成了善果品牌。

“戈十三”“戈十四”的助学公益也是经过和当地政府的沟通。我们特别关注贫困家庭、移民村家庭的孩子。

问：您认为什么样的公益项目适合商学院？

宋明选：其实商学院校友的时间、精力是有限的，但相对拥有较多的资源，包括物资、人脉、影响力、管理能力，这些都可以成为做公益的要素。

亲自参与型公益对他们个人是最有利的。当志愿者的过程是一个很美好的过程。

参与型公益有很多种，比如当一个志愿者，募捐。做善果枸杞、修水渠的项目，就是我们戈友分工合作，有做营销策划的、设计策划的、募捐的、宣传的、与政府对接落地的，我们分工明确，把自己的资源和智慧充分调动起来，就做成了这个项目。

商学院的公益更具个性化。不同的人所擅长的也不一样，将他们的强项进行调配和置换，就会形成非常好的公益模式。

问：推动他们接触公益的第一步是什么？

宋明选：推动的关键是效果、享受。

不要把所有人看得那么高尚，体验式公益是把一个人引进公益之路的最好方式。比如我们上戈壁，你帮助别人干一件事，他说一句“谢谢”，你会感受到快乐，并从中体验到一定的价值感。

商学院的人平时做生意，做的事情以功利性居多。如果做一些不是为生存而做的事情，他们的体验感会很强。

你激励一个人去做一件事的前提是让他感受到付出带来的成果，且这个成果要有一定的即时性，成果是对付出的奖励，有一点付出，就有一点成果。对于商学院的人来说，最好让他们亲自参与公益，并且尽快能看到成果。

问：这些年以来，就您自己的观察来看，整个商学院的公益氛围发生了怎样的变化？

宋明选：原来只有部分学校在做公益，现在做公益的商学院数量每年都在快速增长。过去最早是个人在做公益，后来发展到个别院校做公益，现在又发展到大部分院校都在做公益。

问：商学院做公益，对大环境会带来哪些影响？

宋明选：能起到示范作用。商学院传播力很强，引导商学院人群做公益，对整个公益文化的兴起是有好处的。种善因，得善果。一传十,十传百。

问：对商学院进行公益活动有什么建议？

宋明选：要做一些投入产出比更高的公益，因为时间有限，整个社会的资源是有限的，应该投入到尽可能大的产出上去。这需要在公益的方式上进行设计。尽量不要做“点状”的事情，要做有更大影响力的事情。

本文作者　**刘素楠**

案例点评

微笑是世界上最美的语言。

“微笑 1+1”项目是公益善举与儿童教育结合的一出杰作。1 名资助人 +1 名受助人 = 微笑成长，在互联网 + 公益、众筹公益深入渗透到社会每一个细胞的当下，坚持用面对面的方式带来鸿基金与贫困地区儿童群体的互动，用点对点的结合打通受助人和捐助人因社会背景、生活履历、距离跨度、年龄差异等带来的界限，用定期回访、信件来往等方式架起沟通桥梁，是对公益事业全链条拓展、可持续发展的有态度地诠释。

公益不只是帮助他人，也是一种自我修行。“微笑 1+1”项目为偏远山区、贫困地区的孩子们建立起一对一助学的桥梁，把捐助人的期许与祝福传递给孩子们。孩子们也用春风般的微笑给予捐助人反馈与温暖。公益从来不是单项付出，而是双向促进，通过共同参与和成长，重塑人与人之间的关系，从而提升整个社会的福祉。

公益既是公共利益，也是公共权益，绝不专属于富人，它根植于社会每一分子内心最深处的柔软和担当，是最朴素的善举。“微笑1+1”项目设置的2000元的资助项目，不仅可以延展受助人的覆盖面，也吸引更多的捐助人聚合在一起同声相应，将资源、网络、系统优化整合，激发出公益磁场更大的能量。

我同时为长江商学院设置的48小时公益学时的举措点赞，这门开学“必修课”用量化指标让每一位学员通过文化浸染将公益理念深植于基因之中并身体力行。正是由于公益理念的深入人心和公益文化的系统性搭建，“微笑1+1”项目才会适时产生并脱颖而出。

中国公益正在走向更为成熟的阶段，更多和“微笑1+1”项目一样的公益活动正在蓬勃向上。心有日出，其道大光。一群人长期坚持做一件正确的事，这是值得我们致敬的。

刘旻昊（西湖大学校长助理，杭州市西湖教育基金会理事长）

赋能种子基金：以种子之力赋能乡村教育

一群来自偏远乡村的学生要如何才能“看到”外面的世界？一张机票，还是一本课外书？

公益项目“美丽中国”想到的远远不止这些，他们输送项目老师，带去扎根乡土、面向未来的教育，让更多乡村学生获得同等优质的教育。

长江商学院香港校友会一直走在践行公益的道路上，探索、学习更多的公益模式，教育始终是他们关注的方向。于是，他们想到了走在乡村教育第一线的“美丽中国”支教项目，进而与北京立德未来助学公益基金会合作，发起“赋能种子基金”项目，助力项目老师，为乡村学生的教育贡献力量。

“美丽中国”支教项目的师生

2008 年，“美丽中国”支教项目成立，这是北京立德未来助学公益基金会下设的教育非营利项目。“美丽中国”支教项目希望能够通过选拔、输送有教育理想的年轻人，为教育资源匮乏地区带去扎根乡土、面向未来的教育。与此同时，该项目也希望长期推动中国教育的均衡发展，培养具有社会责任感和社会创新能力的优秀青年人才。

得到与给予

20 年前，谢亚芳以“打工人”的身份去往香港打拼。一如那个年代每个努力的中国人，谢亚芳在香港这片陌生的土地开始了新的生活。20 年后的今天，香港已经是她的第二故乡，用她的话说，“这一代新移民感恩于这块土地的滋养，也希望能以自己微薄之力回馈社会。”作为长江商学院香港校友会常务副会长，她也号召校友们身体力行参与香港公益活动。

长江商学院香港校友会的成员来自五湖四海，他们在各行各业中成就卓越，也十分关注香港社会环境。在很多人的印象中，香港是国际大都市，高楼大厦之外有优越的教育环境和社会福利政策。然而因为房价、物价、日常生活和教育等消费居高不下，有相当一部分香港人生活在贫穷线以下。据香港政府《2019 年香港贫穷情况报告》，香港最新贫穷人口高达 149.07 万，创下近些年的新高，比 2018 年多出 8.5 万人，贫穷率达 21.4%，即每 5 个香港人中便有 1 个是所谓的穷人；在综援及长者生活津贴等恒常现金津贴等政策介入后，贫穷人口仍有 109.8 万，贫穷率为 15.8%，比 2018 年增加 7.4 万人。

他们之中很多人只能靠打零工维持生活，租住在逼仄的劏房甚至笼屋，一家多口人挤在同一屋檐下。谢亚芳感叹道：“这些底层的香港人有时候连温饱都难以解决，更别说孩子的教育问题了。”与此同时香港校友会也在行动，他们了解到香港有一些关注社会底层人士的义工团体，他们以志愿者的形式加入，利用自己的闲暇时间帮助底层家庭。他们之中许多人也只是普通的工薪阶层，却愿意将自己为数不多的空闲时间留给公益。经过了解，香港校友会与其中一个社工团体“关注草根生活联盟”进行互助对接，多次组织校友带上孩子们探访这些居住在劏房、笼屋的孩子，与他们交流互动，为这些贫困家庭的孩子提供一定帮助。

支教老师与学生

能力越强，责任越重。为这些孩子带去一支笔、一个书包，甚至是一点生活上的改善，也算是对香港社会作出的一点点贡献。这便是香港校友会一直在坚持的，不论是公益 1.0、公益 2.0 还是公益 3.0，香港校友会始终秉持践行公益的初心。

不谋而合

香港校友会有一定的特殊性，很多会员的工作和生活重心横跨香港和内地，所以香港校友会也一直在思考，在践行公益的道路上，如何才能更好地体现香港校友密切关注的心情并能使大家尽可能参与其中。

2019年，对香港来说是不平凡的一年，香港校友会对公益思路的转变也正是发生在这一年。香港的一些社会性事件，让大家更加深刻地认识到了教育的重要性。归根结底，代际贫穷问题的改善也关乎普及和落实教育，教育对个人和社会发展的影响都不可估量，可以说教育影响着一个国家的未来。此时，他们想到了“美丽中国”支教项目，也由此开启了“赋能种子基金”项目的新篇章。

“美丽中国”支教项目（Teach for China）成立于2008年，是北京立德未来助学公益基金会下设的教育非营利项目。“美丽中国”的使命是选拔、输送有教育理想的中国青年，为教育资源匮乏地区带去扎根乡土、面向未来的教育；同时为长期推动中国教育均衡发展，培养具有社会责任感和社会创新能力的优秀青年人才。“美丽中国”秉持“以学生为中心”“相信可能”“创新求变”的核心价值观，十多年来输送多批项目老师进行长期志愿服务，在专业化的项目管理，系统的培育体系下，赋能项目老师实现“育人·遇自己”，以实际行动助力乡村振兴。

“美丽中国”希望通过这些项目老师给乡村孩子带去更宽阔的视野。这些老师到了乡村学校，一方面要担任语文和数学课的教学工作，还要承担如美术、音乐等艺术课程的教学。近年来，乡村学校的硬件设施逐渐得到改善，孩子们也不再缺少课外书本。但是，作为乡村老师，这些项目老师的生活条件和工作环境依然较为艰苦。但他们并没有因此退却，个个满怀热忱，希望尽可能给乡村孩子提供更多的知识，并且培养他们的兴趣爱好。李薇薇是“美丽中国”支教项目的COO（Chief Operating Officer，首席运营官），也是“美丽中国”2011级的项目老师，从支教至今已在乡村教育领域工作10年。在她看来，“美丽中国”培养的志愿者都是一群热爱教育事业、无私奉献的老师。李薇薇说：“他们（支教老师）克服了很多困难，在乡村坚持教学，给孩子带来欢乐的同时，也实现了他们自己的梦想。”

支教老师给学生授课

不过，这些老师深入乡村教育一线，还是遇到了很多挑战。在日常教学过程中，他们观察到，乡村学校的情况多样且复杂。乡村学校中缺乏的也不仅是老师和课外书，还有更多的支持亟待补充，例如必不可缺的资金支持。朱茜斌说：“如果有可持续的支持，那么这些老师就能更好地开展教学。”朱茜斌是长江商学院香港校友会—“美丽中国赋能种子基金”项目发起人之一，对于这些现状她深有体会。据她介绍，现在“美丽中国”与200多所乡村学校开展合作。2021年，“美丽中国”又为乡村学校输送了新一届的200多位项目老师。那么，这些项目老师的工作如何更好地开展呢？外部的支持不可或缺。

在项目支持下，学生们有了画室

项目初期，在与“美丽中国”的主要负责人的沟通和探讨中，香港校友会深入了解了乡村教育面临的困难和挑战，也对支教项目和老师有了更多理解。

在乡村，图书馆（室）的建立和管理不完善，需要引进更好的图书管理系统，建立健全管理制度，安排专人负责，让资源充分利用起来。而有一些地区的图书馆（室）图书资源充足，但学生却不知道该如何使用书籍，也没有养成好的阅读习惯。比如，“美丽中国”支教项目所在的云南省临沧市云县的大寨中学，尽管图书馆（室）内有图书 28000 余册，但 2016 年的春季学期仅仅借出 7568 本，平均日借阅率仅有 0.3%。而这样的借阅率却在云县的学校图书馆（室）中位列第一，这说明在乡村学校阅读习惯普及不够和阅读习惯不佳的问题较为突出。

为了解决上述问题，“美丽中国”尝试让社会力量作为图书馆的“软件”进入学生阅读成长中，“陪读项目”也在这时候发起。除此之外，乡村孩子的家庭中亲子关系也存在一些突出问题。父母长期在外打工，孩子们常年与爷爷奶奶生活在一起。这样的现象导致了许多乡村孩子在心理成长中家庭教育的缺失，“美丽中国”的项目老师不仅要给孩子们上课，更需要关注他们的成长经历，给予他们陪伴的同时培养孩子们更健全的人格。同时，项目老师们通过定期家校合作和家访活动，努力帮助他们改善亲子关

支教生活中的美好记忆

系，这同样有利于这些孩子在学校中的学习。

此外，这些孩子除了按部就班上学，几乎没有课外活动，也很难接触到多样的课外生活，为此“美丽中国”希望能够创设不同的活动让孩子参与其中。公益组织的工作人员介绍，在广西的百色地区项目学校，有许多壮族、瑶族的乡村学生。而这些乡村学校通常会保留一些传统民俗：当地特色的“三月三”踏青歌节、五色糯米饭、麦秆竹编、植物染布，等等。结合当地传统进行课程设计，“美丽中国”的项目老师便以“探寻家乡”为主题，帮助乡村学生了解家乡、社区，也在活动中培养孩子们的综合素养和团队合作能力、沟通能力。

然而，这些特色活动都需要资金的支持。随着各类项目的深入开展及模式愈加成熟，进一步扩大项目的影响力及系统的项目实施，需要相应课程的开发和教学工具的补充。如果没有稳定的资金投入，这些活动和互动就无法更深入有序地开展。

经过双方负责人多次交流探讨，长江商学院香港校友会与“美丽中国”顺利达成了此次公益项目合作。在长江商学院香港校友会—“美丽中国赋能种子基金”项

支教老师教学生们动手做手工

目发起人之一朱茜斌看来，正是双方对教育的重视，在教育理念上的不谋而合，才促成了这个项目最终落地。成立“赋能种子基金”，通过支持项目老师开展各类课外项目，帮助乡村学生解决普遍存在的问题，为老师和学生们提供持续、稳定的帮助。

2019 年 12 月，“赋能种子基金”正式启动。长江商学院香港校友会首次面向内地开展公益项目，不仅通过资金支持项目，同时也计划组织志愿者加入其中。他们发现一些项目所需的资金并不算多，几百元、几千元就能解决问题，但随着支教项目的扩大及越来越多项目老师有开展课外项目的意愿，多样多元的项目需求相应需要有更系统和稳定的资金支持。而“赋能种子基金”项目恰恰能为此注入新的力量，持续支持项目老师的工作。

从某种意义上来说，“赋能种子基金”填补了乡村教育发展中某个细分领域的空白，通过资金的支持来帮助项目的开展，在项目老师的努力下，为乡村教育搭建渠道，输送资源、资金和解决方案。而这些看似微不足道的经验积累，也为了后续开展更大规模的活动和探索提供了方向。

对乡村学校而言，还存在着一些师资资源老龄化、结构性缺编的问题。因此，“美丽中国”希望在应对乡村教育的这些挑战上，对于相对薄弱的学科如音体美非传统学科、学生兴趣社团等，能有针对性地为乡村派去拥有相关背景的年轻人，去解决这些课程教师缺乏的问题；并结合不同项目的特殊情况，因地制宜通过推进地区核心项目、支持老师开展课外项目等形式，有针对性地引入对乡村优质教育的探索。

给更多人赋能

项目开展初期，长江商学院香港校友会已经在计划腾冲市的访校活动，不仅仅是捐款支持，更是想带领香港校友们身体力行加入志愿者的行列。这也是香港校友会做这个公益项目的初心，持续致力于构建香港和内地公益项目间的桥梁，让乡村学生走进香港，让香港学生走进乡村。

自“赋能种子基金”设立以来，一共支持了 118 位项目老师 / 团队，开展活动或课程 2395 次，影响学生、当地老师、学生家长和当地社区居民共计 23420 人次。在这些项目中，图书和阅读类占 48%，身心健康类占 42%，艺术发展类占 41%。

在“种子赋能基金”的支持下，项目陆续在阅读、艺术、身心健康、科学、社区探索、家校合作、游学七个方面开展了丰富多彩的活

支教老师带着学生们做建模

动。在李薇薇看来，“美丽中国”所选拔的众多项目老师都拥有教育理想，更富有创新精神。李薇薇说：“他们多数都是刚毕业的大学生，希望通过支教实现自己的教育情怀。我们也希望培养这些老师，不仅仅是为了‘美丽中国’的支教，也是希望能够帮他们厘清未来的发展方向。”

在云南临沧支教的项目老师王慧丽毕业于艺术专业，爱好摄影。为了能够尽快和孩子熟络起来，也让孩子找到更多的课外兴趣，王慧丽用自己所擅长的镜头语言打开了孩子的新世界。她深知观察和感知才是表达的基础。课余时间，她会让孩子们拿着手机拍摄，看着照片写日记。她始终相信，孩子们的心是最纯净的，他们能有更多诗意的表达。在大山里的孩子，尽管生活条件艰苦一些，但他们是最靠近大自然的一群人。他们在山上奔跑，畅快地呼吸着新鲜空气。王慧丽希望孩子们能通过更多的观察和感知，用镜头记录下来，用笔写下来。王慧丽也通过孩子笔下的一篇篇日记去感受，从而更加了解这些孩子的内心世界。后来，她收集了很多孩子的文章，熬了两个月的夜，终于将这本名为《孩子笔下的视界》的书排版完成。为了能带给孩子更特别的记忆，王慧丽将这些手写文章、摄影照片整理归类，做成了一个小型艺术展。而孩子们不仅是艺术展的参观者，更是艺术展中作品的创作者。

在这个过程中，得到收获的不仅是这群乡村孩子，还有长期在一线工作的老师。在李薇薇看来，“美丽中国”要做的不仅是输送更多的项目老师前往乡村学校，为乡村的教育事业带来新东西。除此之外，也希望老师在支教过程中能够找到未来人生的发展方向。“希望在两年的支教过程中老师们能真正地实现育人，遇自己，在收获和成长的同时更加清晰自己的优势和人生努力方向，继续在各自的领域为社会发展发光发热”。

朱茜斌也有同样的感受和理解。“许多项目老师都是年轻人，他们有创意，有理想。‘美丽中国’为他们提供平台去实现，也希望能够对他们未来的路有所帮助。无论是‘美丽中国’的工作人员，抑或是香港校友会的会员，都希望项目不仅是给乡村学校的孩子赋能，给项目老师赋能，同时也能通过长期的支持，给乡村的教育事业和当地的老师赋能，让这些好的创意能够长期在乡村学校开展，”朱茜斌这样说。

学生们与支教老师互动

对话长江商学院香港校友会会长唐葵

问：在您看来，长江商学院香港校友会和其他地区校友会有什么不一样的地方？

唐葵：香港校友会只有少数是香港本地人，可能只占 20% 左右。大部分会员可以称为“新移民”。从内地到香港来工作，然后定居在这里，大家来自五湖四海。比如香港校友会的第一任会长在香港生活了将近 30 年，但他的籍贯是福建。这其实就是香港校友会的特殊性和多元性。

另外，也有很多校友的家人在香港，自己可能是“空中飞人”，但是都会定期回到香港。所以我们一直觉得，能够参与更多内地的公益，对于香港校友会的成员，还有我们的后辈是很好的事情，这跟我们的目标致力于构建香港和内地之间的桥梁也非常一致。

问：未来，香港校友会计划以什么样的方式和这个项目产生更强的联结？

唐葵：每一年，“美丽中国”都会针对项目资助方开展很多访校的活动。我们支持这个公益项目之后，可以随之一起加快建立起访校项目。同时，对于我们香港校友会的校友也是一个很好的机会，校友会的初衷还是希望带着大家一起去做公益。我们不仅仅是捐钱，更希望能够带大家身体力行地参与其中，这也是当时我们思考和最终选择与“美丽中国”支教项目合作的原因。

对于这个项目，除了一开始资金方面的资助，我们能做的还有很多。比如，我们在香港接触了很多接受过高等教育的孩子，很多人都有兴趣成为志愿者老师。如果他们对这个项目感兴趣的话，我们也可以推荐他们去“美丽中国”做支教老师。

再比如，一些年纪小一点的孩子，我们可以通过访校带他们去更深入地了解内地，这也是香港社会迫切需要建立起的对内地的了解渠道。现在，我们有这样一个公益项目，如果我们慢慢地努力，搭起这个桥梁的话，我认为这对于香港社会来说就是做了一件很有意义的事情。

虽然，新冠肺炎疫情暂时阻碍了香港与内地的人员往来，但项目仍然在继续，这是值得高兴的事。希望未来有一天，我们也可以带着乡村的孩子到香港去，带着香港的孩子到乡村，通过校友会微薄的力量，建起两地互通的桥梁。

对话长江商学院香港校友会常务副会长谢亚芳

问：通过“赋能种子基金”项目，希望能够带给乡村孩子什么？

谢亚芳：这个项目主要是在“美丽中国”现有项目的基础上做进一步的完善。让这些乡村孩子在课后能够有更丰富的课外生活，像很多香港孩子一样，有兴趣班、有辅导课，也有户外探索。不仅仅是通过课堂了解外面的世界。对于他们来说，一些课外的读物和项目更有利于他们全面的成长。

其实，我们观察到很多乡村的支教老师不仅在教学上非常优秀，其他方面也很有才华。比如，有的老师会弹钢琴；有的老师会画画；有的老师十分了解大自然知识；等等。如果我们能充分调动这些老师们的长处和才华，开展一些课外班，也会让乡村孩子接触一些相对丰富、多元的教育。

这也是我们在香港生活多年，看到很多本地孩子的经历，得出的经验，希望能够探索出一条适合乡村孩子的路。

问："赋能种子基金"中有很多创新，一开始为什么会选择"美丽中国"？又为什么选择这样的方向呢？

谢亚芳：因为"美丽中国"的规模做得比较大，每年在香港都有慈善晚宴，我们对"美丽中国"这个项目的了解是比较深入的，他们也确实更专业、更规范。由于我们的校友会没有设在内地，如果直接资助一个内地的项目，在项目考察上会有比较大的难度。

香港校友会一直致力于做内地与香港之间的桥梁。"美丽中国"的理念就是让乡村的孩子也能接受高等教育，这与我们不谋而合。所以在高等教育这部分我们有更多的着力点，也可以提供更多的思路。

对话长江商学院香港校友会—
“美丽中国赋能种子基金”项目发起人之一——朱茜斌

问：您说支教项目是“一石二鸟”，能否请您具体解释下呢？

朱茜斌：“美丽中国”支教项目是为乡村学生提供优质教育，让他们有更多的资源和学习机会，项目老师在教育中是非常重要的一环。我们的口号是“育人·遇自己”。我们希望项目老师在两年的支教的生活中，能真正体会到教育的意义，找到自己未来的方向，也为他们今后的人生积累宝贵经验。

与此同时，“赋能种子基金”项目的开展，给项目老师提供了长期支持，让他们发挥想象力和创造力，开展更多课外学习活动。这不仅是给老师赋能，也是给学生赋能。我们希望在课堂以外，老师能给孩子提供多元化的学习内容，如音乐、体育、绘画等，让孩子开阔眼界。同时也开展一些给家长的课程，促进家校合作，让家长和学校有更紧密的联系。赋能种子基金让“美丽中国”支教项目更加丰富多彩，正如我们项目的名字一样，为老师学生赋能。让项目老师走出课堂，发挥领导力，创造力；让乡村学生走出课室，获得更多的教育资源、教育机会。

问：为什么想到跟长江商学院香港校友会合作展开“赋能种子基金”项目？

朱茜斌：我们其实认识很多长江商学院的校友，其中不少也是“美丽中国”的长期支持者。我知道校友会想做一些可持续性的公益活动回馈社会后，我们进行了接触沟通，一拍即合。

长江商学院香港校友会是一个很好的组织，有很多内地和香港的成功人士在内，其中有一部分校友非常认同和支持“美丽中国”。我们也希望能通过这个平台，让更多人认识、了解和参与我们的项目。长江商学院和“美丽中国”都在为教育不遗余力，长江商学院更多的是培养商业领袖，而我们“美丽中国”则是面向儿童的教育，我们都在教育的行列中努力前行。“赋能种子基金”是一个长期的持续性项目，我们欢迎校友参与访校活动，让大家对支教项目有更深层的认识。感谢长江商学院香港校友会支持这个赋能项目，给予我们力量，可以开拓更多课外活动，丰富乡村学生的校园生活。

对话“美丽中国”支教项目 COO 李薇薇

问：新冠肺炎疫情稳定后，香港校友会也希望有更多与内地交流的机会，您认为这种机会给双方会带来什么？

李薇薇：过往有过这样的尝试，对城市的孩子而言，来到乡村后会让他们认识到与乡村孩子生活成长环境的差异性，通过这样的活动可以激发他们对现有生活的珍惜以培养社会责任感，也能埋下公益的种子。在未来可以更好地运用自己的知识与能力为社会发展贡献力量。

对于乡村孩子，在新冠肺炎疫情前，我们会有邀请乡村学生参加外界的慈善活动，也有项目老师组织开展游学活动。这个过程很大程度上开拓了孩子们的视野，激发了他们认知世界和求学的动力，让他们认识到未来人生之路上可以有更多的选择，唤醒他们成长的内驱力。我曾看到孩子亲笔写下“想走出大山看看”，外出参访、学习的机会对乡村孩子的意义，我想已经不言而喻。

问：香港校友会的加入，会给“种子赋能基金”项目带来什么样的助益呢？

李薇薇：长江商学院香港校友会是“美丽中国”的同行者。我们深受长江商学院香港校友的鼓舞，双方在“教育对人的改变和进步的作用”这一点上有很高的认同度。

香港校友会有着浓厚的公益文化和氛围，校友们对乡村教育发展充满热忱，身体力行地参与。我们也期待培养项目老师成为具有社会责任感和社会创新能力的优秀青年人才，长江香港校友的社会责任感和担当精神对项目老师和校友而言起到很好的典范效应。

除此之外，香港校友会对于开展课外项目提供了很好的合作思路，这些思路帮助我们做了很多项目的创新和探索。

本文作者　**吴可言**

案例点评

我们正在经历一个财富迅速增长带来行为、市场急剧变化，政策不断调整的时代，东西方文明不断深入交汇，人与人之间的关系、人与社会的关系、人与自然的关系不断被重新定义，更加有效地提升效率、推动公平，正在成为社会发展的普遍诉求。

从历史发展的角度来审视，现代文明正在向更加公平的未来迈进。一系列日益严重的社会问题已经成为制约高质量发展的主要障碍，世界各国长期追求的经济快速发展模式不断受到挑战，我们不可能再延续旧的发展政策，更不能让存在于国家、地区乃至个人之间的贫富差距进一步加剧，而教育公平是促进这一问题解决的关键所在。基础教育的作用和意义正在受到广泛和高度的重视。

以辩证的态度来分析，社会进步的需求正在不断发生变化。有了一部分先富起来的人，就一定会产生要去帮助他人的精神需求；而后富人群的存在，则让这种精神需求转变为慈善捐赠和志愿行为。对于公平与共同富裕的追求，让教育领域特别是基础教育领域的公益行动已经成为现阶段中国公益事业发展重要的组成部分之一，以道德为基础的公益行动与专业化分工的时代要求携起手来，塑造着中国公益事业在当下阶段的价值追求和精神品质。

按照发展的脉络来解读，“赋能种子基金：以种子之力赋能乡村教育”的案例，是一项致力于通过助力乡村基础教育的路径来实现社会发展目标的积极公益行动。从项目设计而言，发起人不断调整项目运行逻辑，建立专业组织平台，扶持乡村基础教育，促进教育质量提升，让东西部落后地区的青少年拥有更平等的教育机会，使他们能够更全面的成长；对项目成员而言，很多参与者并不是真正意义上的教师，他们用各自行业的知识、经验，以及自己服务社会的公益精神，帮助孩子们书写更加精彩的人生篇章。正如华为公司在中央电视台播出的公益广告片“基础研究与基础教育”发出的“让教师成为最伟大的职业，成为优秀青年的向往。用最优秀的人，培养更优秀的人”的时代声音，任何一项社会事业的发展，都离不开各方力量的积极响应。推动基础教育，既需要政府的制度安排，也需要企业社会责任的自觉履行，还需要个人基于道德认知的慈善捐赠和志愿行为。

任何一个民族的崛起，都不可能在一种只要经济繁荣、不要精神根基的漂浮状态下进行。无论是不断开展公益行动的企业家校友，还是长江商学院自身正在推动的社会创新，都是对当前社会发展趋势的积极响应和主动作为，都是在为民族复兴做着应有的社会贡献。

赵冠军（《公益时报》社总编辑）

特殊儿童艺术教育：艺术扶贫，以音促善

“音乐是语言的尽头，是跨越障碍的桥梁”，这是包括迟池、刘冰华在内的长江商学院校友在特殊儿童艺术教育项目中深刻体会到的艺术魅力。

长江商学院深圳校友会联合联合国教科文组织莫扎特勋章获得者、旅法著名钢琴家、慈善家周勤龄及伙伴机构，开展对贫困地区的盲童、自闭症儿童等特殊儿童的艺术教育，并支持盲谱在国内的深度开发；还于 2019 年夏对全国 30 多位盲童及特殊儿童钢琴老师进行了培训；2019 年年底于深圳云颂音乐厅推出“新年慈善音乐会”，来自中法顶级音乐家奉献世界巅峰音乐盛宴，“大长江”携“小长江”共同参与，为特殊儿童艺术教育筹款，并计划推出新一期工作坊和慈善音乐会。

长江商学院 FMBA 2020 深圳班

该项目推出中国第一批成型的盲谱，计划每年培养30位特教钢琴老师。以音乐为桥，超越民族语言、地域分歧，将人类的和平与大爱传递。

艺术的力量

“无公益，不长江”的理念深植于长江商学院深圳校友会的活动中。为探索创新的公益理念与模式，深圳校友会专门成立了公益委员会，并提出做创新公益、智慧公益、有效公益，公益委员会每月举行例会，组织校友设计开展创新模式的公益项目。

2019年，在国家提出“扶贫先扶智、治病先治愚”的扶贫战略背景下，深圳校友会公益委员会认为教育是推动改变的根本。特别是近年来艺术教育得到了从国家层面到社会各界的高度关注，且艺术教育具有特殊的“社会治愈力”，文化艺术方面的体验和学习活动将有助于化解社会危机。2018年9月10日，习近平总书记在全国教育大会上就“五育”之一的美育工作明确指出：要全面加强和改进学校美育，坚持以美育人、以文化人，提高学生审美和人文素养。

2019年，深圳校友会关注到旅法著名钢琴家周勤龄正在进行的盲童艺术教育活动，在执行会长温育青的支持下，秘书长池迟、公益委员会主席谢鹏程、公益委员会秘书长刘冰华、刘昌敏等联合周勤龄女士与深圳国际公益学院，组织深圳校友参与开展公益项目合作，以音促善，同觅知音。

周勤龄是联合国教科文组织莫扎特勋章获得者，她曾多次在法国与欧洲各大城市举办音乐会，也曾多次获得法国政府授予的“文化与艺术骑士勋章”。在音乐事业之外，周勤龄以艺术行善，长期为“无国界医生”“法国红十字会”“牵手儿童协会”等慈善机构义演筹资。

在一次义演中，一位母亲领着自己的孩子找到周勤龄，恳请她收下孩子，担任孩子的钢琴指导老师。周勤龄注意到，孩子双目失明，但听觉异常灵敏，听音辨音十分精准，非常适合学钢琴。

盲童对音乐的感知有更独特的优势，但是知道确切的音准，是习好钢琴的关键，这点于盲童来说十分困难。周老师看到孩子们苦苦练琴，但不得要领，心急如焚。

周勤龄认为，弹钢琴是非常认真的事情，要靠科学的方法；大部分盲童学钢琴都是靠听来学习的，很多盲童很有天赋，但动作不规范、音准不够准确，如果乱弹琴只会浪费他们的时间！

她要尽自己绵薄之力，极力推动盲童学生科学地学习盲谱。帮助更多盲琴童的关键是让音乐课教师掌握盲文乐谱！经过多方努力与协调，周勤龄得到了中国盲文图书馆的支持，共同开设了钢琴演奏及盲文音乐符号师资培训班。2019 年 7 月，在深圳校友会的参与下，中国盲文图书馆举办的 2019 年暑期钢琴演奏及盲文音乐符号师资培训班正式开课了！ 图书馆召集部分正在学习钢琴的盲童及全国各地盲校的部分音乐教师，组成一个为期 3 天的小型工作坊。周勤龄从法国飞回国内，现场点拨盲童，指导钢琴老师，帮助老师们提高教学水平。

其实，周勤龄早在多年前便开始在国内推动布莱尔盲谱的科学应用。郝沁是盲人文化研究所的一名职工，也是一名仅有微弱视力的视觉障碍者。她负责对接周勤龄介绍引进国内的盲谱的编译工作。

郝沁介绍，盲人琴谱与平常的琴谱十分不同。“盲文乐谱是凸点显示的，不像平常的乐谱那样有简谱和五线谱，学习起来并不容易。老师会说盲文是哪个点位，盲谱是怎么一回事。”

耳濡目染，郝沁掌握了如何阅读盲谱。然而当时国内并没有太多盲谱资源，郝沁时常请视力正常的朋友帮自己读谱，自己一边听一边扎点位，自制盲谱，整个过程十分辛苦。

“盲童与社会交流少，内心会随时间推移变得封闭，会识谱弹奏对他们而言，既是生存方式的拓宽，学得好的话可以进中国残疾人艺术团，也是自我心灵的滋养与精神的慰藉。”郝沁说。

周勤龄组曲盲谱《一个中国小男孩在巴黎》

其间周勤龄与中国盲文图书馆合作，创作了《一个中国小男孩在巴黎》组曲盲谱。工作坊结束后沉淀下来了一个钢琴学习小社群，学员后续在社群里互相交流反馈，将周勤龄指导的内容应用到盲童教学实践中。新冠肺炎疫情以来，在深圳校友会支持下，工作坊从现场转到线上，学员们在线学习音乐理论课。

长江商学院深圳校友会秘书长迟池

长江商学院深圳校友会秘书长迟池十分认可这一项目。谈及特殊儿童，她别有感触，内心与特殊儿童群体有着深刻的情感联系。

最早可追溯至迟池在新疆大学读书时，她偶然在晚报上看到一个聋哑女孩被侵害的新闻。她心如刀绞，立刻将自己全部零花钱捐了出去，希望可以帮助减轻聋哑女孩的生活负担。虽然只是一次小小的捐赠，却在迟池心中播下了公益的种子。

自此，迟池开始留意社会上的特殊儿童群体。工作后，她总趁着业余时间参与一些小型公益项目，帮助改善特殊儿童群体的生存处境。与这部分群体接触多了，迟池更了解他们的心理状态。

迟池说：“其实他们非常自卑、自闭，他们急需别人的帮助，需要感受社会的温暖，需要重塑生活的信心与勇气。”

直到以企业家的身份加入长江商学院，迟池才接受了系统的公益教育。接触到周勤龄的艺术公益，迟池被打动了。

迟池是个酷爱音乐的人，尤其偏爱欣赏舒缓平和的大提琴曲。每当感到压力或焦虑时，她总是躺在床上静静聆听音乐，她说："有时候伴着音乐就入睡了，身心得到了极大的放松，简直是一种享受，特别美妙。"

迟池非常理解周勤龄所说的艺术的疗愈作用，她认为音乐可以打开特殊儿童的心门，引导他们感知世界的美好，"音乐可以传达给他们一种积极向上的情感，帮助他们变得内心平静和自信，用艺术来自我疗愈。"

艺术的疗愈作用，深圳校友们有目共睹，深圳校友会校友苗世明发起的"无障碍艺途"公益项目就是为精智障碍人士提供艺术疗愈服务，提高了精智障碍人士的表达和感知能力，同时也提升了公众对精智障碍人士的认知度与包容度。校友们对艺术的功能达成共识，艺术对内促进特殊群体的自我疗愈，对外帮助他们融入社会，被公众接纳。

"艺术是超越语言和民族，跨越地域和分歧的，是人类大爱的传递方式，是化解误解与分歧的桥梁，"刘冰华说。

基于对艺术疗愈力量的感同身受，2019 年 12 月 22 日，深圳校友会联合深圳国际公益学院、河仁慈善基金会与深圳壹基金公益基金会—潮汕母亲慈善基金共同主办首场"周勤龄与她的朋友们新年慈善

周勤龄（右一）与她的朋友们新年慈善音乐会现场

音乐会”，并举行拍卖晚宴，希望传播善念、汇聚爱心，创新慈善筹款方式，共同推动贫困和特殊儿童的艺术教育和公益教育发展。

出席的众多长江商学院深圳校友纷纷慷慨解囊，资助慈善音乐会顺利举行。长江校友们也携“小长江”及其他家人共同出席音乐会，为后期特殊儿童艺术教育工作坊贡献拍品，并踊跃竞拍，计划将资金用于后期特教艺术老师的工作坊的开展。

刘冰华说：“这场音乐会有两个创新，一个是以艺术行善，同时，‘大长江’携‘小长江’共同参与公益，以艺术对青少年进行公益教育的启蒙。”

音乐会后半场是慈善之夜，出席的众多长江商学院深圳校友慷慨解囊，资助贫困特殊儿童接受音乐教育。值得一提的是参与慈善夜的除了长江商学院深圳校友，还有他们的孩子——“小长江”。他们在现场义买《一个中国小男孩在巴黎》盲谱，筹得资金帮助“特殊”小伙伴得以继续进行艺术学习。

音乐会为特殊儿童艺术教育项目筹集了启动资金。按照项目规划，深圳校友们原本计划 2020 年开办钢琴老师培训工作坊。碍于新冠肺炎疫情，工作坊由线下培训转为线上开课，周勤龄在线培训钢琴老师，一对一指导部分盲童。

“做公益如同扎针灸，要把针尖扎在穴位上。我们把有限的资金、资源用在最应该接受帮助的地方，找到解决社会问题的撬板才能转化更大效能。以本项目为例，如果仅周老师一个人，能够得到指导的盲童非常有限，关键是要培训更多有能力指导盲童的特殊钢琴老师，才能创造更大的社会效应。”在刘冰华看来，钢琴老师的日常陪伴对盲童学习、自我发展至关重要。

所以，在整个项目中，钢琴老师是项目培训的重点环节。尽管盲童可能具有先天的听觉优势，但科学的方法对钢琴学习更为重要。碍于盲童主要通过“听”来学习弹奏，这就要求钢琴老师能准确地、有技巧地指导盲童习得规范的动作、科学的技法。这就对钢琴老师提出了很高的要求，他们自身首先要具备识别盲谱的能力，并能够按照盲谱来有效指导盲童学习。

迟池见过一些学习音乐的特殊儿童，她发现，与从未接触音乐的孩子相比，这些孩子的精神状态十分不同。“他们有机会学习音乐，既是心灵提升，也是一种才能，他们从中可以体会到尊重和关怀。学习音乐的过程，他们能体会那种在一个领域不断精进的价值感，所以他们看起来更有活力，更快乐。”

一位叫石筱玲的盲童，在钢琴演奏的进步，凸显了特殊儿童艺术教育项目的价值。

石筱玲接受过周勤龄的亲自指导，曾在中央音乐学院全国青少年艺术展演中获全国金奖。因她来自西北地区，家境贫困，无法持续进行钢琴演奏学习。在深圳校友会发起举办的音乐会上，这位小钢琴手在长江校友的资助下，来到现场演奏一曲“你的爱是我的眼睛”，听者无不动容。

石筱玲，曾在中央音乐学院全国青少年艺术展演中获全国金奖

触摸你的微笑，我好像看到了光明。握着你温暖的手，我心里充满了温馨。哪怕风雨模糊了太阳的光泽，有你的爱我不会停止前行。

你的爱是我的眼睛，让我看见白云看见满天星星，春去秋来你和我心心相印，让我倾听花开的声音……声音……

鹏瑞公益基金会当场决定资助这位极具天赋的盲童，每月为石筱玲提供学费，聘请特教钢琴老师对其进行指导。

郝沁见证了石筱玲学习钢琴前后的变化。石筱玲在 2021 年夏季参加了兰州国际钢琴公开赛，获得优秀奖；在“爱乐华声”珠海横琴国际音乐盛典甘肃赛区声乐少儿组中获得一等奖。“我听了她钢琴演奏的片段，比之前弹得好太多了。”郝沁形容石筱玲不仅钢琴演奏水平跃升，更重要的是，“她性格比之前开朗活泼了很多。”摆在特殊儿童面前的，除了按摩，还有另一条路。他们可以发挥自身听觉优势，接受音乐教育，成为一名音乐人，改变自己的人生。

义利并举共享双赢

长江商学院在国内最早提出“无公益，不长江”，是最早将公益刻入基因的商学院。“这对推动财富向善作了非常大的贡献，很有前瞻性，”刘冰华目睹校友们是多么看重商学院推出的长江公益奖。每到评选季，校友们积极申请，踊跃参与，以获奖为荣。

2020 年 12 月，特殊儿童艺术教育项目获评“第六届长江公益奖”。“项目支持了第一批盲谱在国内的开发，资助盲童钢琴教师的培训。同时，项目还开创了‘大长江’携手‘小长江’，以艺术为媒共同参与

长江商学院深圳校友会公益委员会秘书长刘冰华

公益慈善的模式。这两点都十分创新，才能获奖。”刘冰华说。

“比传统扶贫助学的更创新，影响力更深入。”迟池感到另一个棘手的问题是，特殊儿童艺术项目想要持续下去，就需要一个合适的模式。“不是做一回体验式教育就结束了，我们想让这个项目长久地延续下去。”目前，长江商学院深圳校友会还在深入探讨可行的且较为成熟的项目模式。

迟池对于长江商学院营造的公益氛围大为赞赏。在入读长江商学院前，她眼中的公益是单打独斗式。而在长江商学院，学校鼓励学员们集思广益，共同做一个公益项目。为激发同学们的热情，学院还设置了公益奖学金，为公益领域人才提供在长江商学院读书的机会。

“无公益，不长江”是长江商学院的核心理念。在入学第一堂课，商学院在每位学员心中便埋下了公益的种子。经过系统的学习，每个长江人心中以公益为先，以公益为荣。迟池说：“大家形成了一个公益的磁场，号召更多人参与进来，互相交流探讨，形成一个公益共同体。”

经过几年的耳濡目染，迟池对公益的理解更加深刻，“做公益不是一个人来做，而是一群人，一个圈子，一个共同体一起来做。”

同时，迟池也对企业家的社会角色有了深刻的理解。

“企业家的财富大多取之于社会。长江商学院让我意识到，我们是有社会责任的，我们有义务回馈社会，帮助有需要的群体。每个长江商学院的学员都应该做到利己、利他和利大众。”

在这种公益理念的熏陶下，无论是新冠肺炎疫情还是河南洪灾，长江商学院深圳校友会第一时间组织物资和金钱捐赠，践行从长江商学院习得的公益心。

刘冰华深受长江商学院公益教育影响，在她看来，公益讲究智慧，“要聪明地做公益，公益最重要的不是捐钱、献爱心，而是要让自己的爱心和资金转化成效能。”她十分赞同长江商学院倡导的公益新趋势，“公益反哺商业，商业助力公益，义利并举，共享双赢”。

对话长江商学院深圳校友会秘书长迟池和公益委员会秘书长刘冰华

问：特殊儿童艺术教育项目的社会创新性体现在哪里？

迟池：这个项目与其他一般性公益项目不同的是，它给孩子们带来的东西十分不同。以往我做过助学公益或其他扶贫济困的公益，但给予孩子们的是物质，他们物质需求得到满足当然也会感到快乐，但这种快乐与精神需求被满足的快乐是不同的。

以音乐为代表的艺术，可以浸润人的心灵，引导人感知世界的美好，打开人的内心世界，是一种非常积极向上的作用。我自己深有感触，我十分喜欢音乐，听音乐的时候，我会觉得世界非常美好，内心十分平和安宁。有人认为，艺术是很奢侈的，但随着互联网的发展，现在人们不必去音乐厅听音乐，上网即可随时享受音乐。

而且社会上有许多组织也在做公益，贫困的问题正在逐步得到改善，所以更需要关注的是满足他们的精神需求。音乐是个很好的媒介，可以提升孩子们的感知能力，打开他们的心灵，丰盈他们的精神。久而久之，这些孩子可能会不那么自卑或自闭，开始变得阳光与自信起来。

刘冰华：这个特殊儿童艺术教育项目不是传统的公益项目，不是扶贫济困也不是实物捐赠等，而是一个艺术公益，这是第一个创新点。另外一方面，参与这个项目的人除了长江商学院深圳校友会，还有校友们的孩子，整体是“大长江”携手“小长江”一同参与的模式，这对“小长江”们也是一次言传身教的公益教育。

问：在长江商学院学习是一种什么样的体验？

迟池：在来长江商学院之前，我自己也一直在做公益，当时对公益的理解是单打独斗。到了长江商学院之后，这里汇聚的都是成功的企业家，大家本身都很有社会责任感。同时，商学院也十分重视公益，注重塑造一个公益的氛围。

刘冰华：长江商学院非常与众不同，它是全国最早提出“无公益，不长江”的商学院。这个理念的提出，实际上对推动商业向善、财富向善作出了非常大的贡献，十分具有前瞻性。商学院不仅是提出一个理念，更是将其渗透到了学院方方面面的具体工作中。

比如长江商学院是全国最早实行公益学时设计，推出公益课程的商学院。同时，长江商学院也是最早推出长江公益奖的商学院。这个奖影响力挺大的，大家都十分积极踊跃地申请，都希望能获奖，所以对调动学员做公益的积极性有非常大的作用。

近两年，长江商学院强调的是不单要做公益，而且要用创新的、有效的方式来做公益。在长江商学院深圳校友会这边，我们也推出要做智慧公益，以一种非常聪明的方式来做公益。做公益不仅是贡献爱心，不仅是捐钱，而是让爱心和资金能最大化地转化成效能。

问：经过在长江商学院的学习，您如今对公益的理解发生了怎样的变化？

迟池：之前做公益，比如哪儿遇到什么天灾人祸，我们捐一些钱，以为这就是做公益了。现在我知道，其实这只是一种微小的慈善。在商学院学习后，我更加明白公益要有理念和模式，要创新，不再是一个人的单打独斗，而是一群人、一个圈子大家一起来做，形成一个公益的磁场、氛围和共同体。

做公益也不是一劳永逸的，而是要不断反思、学习、创新，思考如何用更好的模式与路径来帮助更多有需要的人。只要更多的人共同参与公益，共同以更优化、更创新的方式做公益，这个社会才会变得更美好。

刘冰华：长江商学院倡导一个公益慈善的趋势或理念是义利并举、共享双赢。这意味着公益和商业的关系不再是割裂的，而是公益反哺商业，商业助力公益，最后实现社会价值和经济价值的共享双赢。你做了很多好事儿，这些好事儿又帮助你赚了很多钱，接着你可以继续做好事儿。如此，你可以循环创造经济价值和社会价值，这是一件多赢的事情。

本文作者　**浮琪琪**

案例点评

助学一直是中国公益慈善领域的最主要领域，但随着中国政府加大财政投入后，类似捐建学校教室、资助贫困学生、捐赠图书已不再是乡村教育的迫切需求。因此，新时代的捐资助学形式需要不断创新，需要关注那些容易被忽视的和小众的慈善需求。

长江深圳校友会联合著名钢琴家周勤龄及其伙伴机构，开展对贫困地区的盲童、自闭症儿童等的艺术教育，并支持盲谱在国内的深度开发，对全国30多位盲童及特殊儿童钢琴老师进行培训；推出“新年慈善音乐会”，“大长江”携“小长江”共同参与，为特殊儿童艺术教育筹款，作为特殊儿童艺术教育项目获评“第六届长江公益奖”实至名归。

特殊儿童艺术教育项目的创新除了刘冰华总结的两个创新点，一个是艺术慈善，一个是“大长江”携手“小长江”共同参与公益，还有另外两个公益创新点，一是在于关注盲童这样一个小众群体，他们的成长可能会被大众忽视，因此通过慈善和艺术的力量，让他们成长、成功，助力他们的梦想，就像周勤龄指导盲童石筱玲演奏一样，这样的指导会改变他们的人生。另一个创新点在于项目不限于只培养几个音乐盲童，而是志在推出中国第一批成型的盲谱，每年培养30位特教钢琴老师，这就有了授人以渔的公益持续效应。

刘冰华是长江商学院深圳校友会公益委员会秘书长，也是深圳国际公益学院的助理院长，她的公益慈善经验与深圳校友会秘书长迟池及深圳企业家校友的合作，共同成就了这个公益项目，坚持下去会成为一个公益项目品牌。

慈善是一门科学，设计得好、运作得好的公益项目，也可以是艺术。

刘选国（中国红十字基金会副理事长）

郑州特大暴雨救援：一线救灾，长江之力

2021 年 7 月 20 日，郑州遭受千年一遇的特大暴雨。

据郑州气象局总结：郑州 2021 年 7 月 20 日 16 时到 17 时，一个小时的降雨量达到了 201.9mm；19 日 20 时到 20 日 20 时，单日降雨量 552.5mm；17 日 20 时到 20 日 20 时，3 天的过程降雨量 617.1mm。其中小时降水、单日降水均已突破自 1951 年郑州气象站建站以来 60 年的历史纪录。郑州常年平均全年降雨量为 640.8mm，相当于这 3 天几乎下了以往 1 年的量。

前所未见的暴雨，引发了重大灾害，地铁被淹，道路中断，房屋冲毁，财产损失，人员伤亡……7・20 郑州特大暴雨牵动着党中央和全国人民的心。大灾当前，众志成城，万众一心，社会救援和支援力量迅速汇聚集结奔向郑州。

天灾无情，“长江”有爱。一向高度重视社会责任的长江商学院在第一时间行动起来，联合长江商学院河南校友会成立工作小组，向校友组织、校友企业发出号召，集合长江校友的力量积极投入到救援中来。尤其是长江河南校友会，在灾害与救援的一线，更是尽已所能，调动校友企业的人力和物资，为抗洪救灾做出最大努力和投入。

7 月 20 日，一场灾难，一定要参与

持续了三十几个小时的雨势越来越猛，7 月 20 日 13 时，郑州市的路面开始出现大面积积水，天空黑云压顶，仿佛黑夜一样。长江商学院河南校友会秘书长李宗峰在办公室再也坐不住了，“赶紧通知员工们提前下班吧！我担心晚了大家就走不了了！”他在高管群里发出了当天的第一条指令。

16 时 38 分，仓促驾车开上了高架路的李宗峰，把雨刮器开到了最高挡，可依然看不清前方道路，只能跟着前车的尾灯缓缓行驶，高架路上的积水也漫过了半个车轮，一丝恐惧涌上了心头。他拿出手机，在公司高管群里发了一条语音：“各板块负责人抓紧召回人员，千万不要外出了，所有人都待在屋里，晚上就住办公室算了，安全第一！”

当晚，李宗峰彻夜未眠，不停地刷着手机。

登封、巩义、新乡等多地山洪暴发，房屋被冲垮、庄稼被淹没；郑州市区俨然一片泽国，完全看不见道路，车辆被冲得到处都是；地铁被灌，人员被困，车厢从开始的慢慢渗水，直到水位漫过车厢内被困人员的胸口……各种各样的信息从一开始的调侃、无奈，到最后的恐惧、震撼、求助。

凌晨时分，郑州市部分地区开始停水、停电、断网……

这是一场灾难！我们一定要做点什么，这个念头越来越强烈。可

在这么大的灾难面前，能做些什么呢？

7月21日，紧急动员，组建救援队

21日凌晨，雨势开始减小，7月21日10时，李宗峰费尽周折回到办公室，手机才有了网络，各种信息接踵而来。

原来这场暴雨从7月17日20时到20日20时，3天总降雨量为617.1mm，而郑州平均全年降雨量只有640.8mm。这意味着，郑州这3天几乎下了以往1年的雨量，特别是7月20号16时至17时，一个小时的降雨量更是达到了201.9mm。这也是压垮郑州市市政设施的最后一根稻草。

大量住宅小区地下室和全部的市政隧道都在那一个小时内灌满了水，一半的区域停水停电，地铁、公交停运，整个城市瘫痪了。

长江商学院河南校友会和其他校友群里也被这场雨灾的信息刷屏了，全球长江校友们纷纷发来问候，并明确表示希望为河南这场水灾做一些捐助。

河南校友会应该怎么办？

姚忠良会长与长江商学院助理院长杨晓燕老师、校友事务部及发展部副主任王哲老师、对接河南校友会的徐佳老师、负责校友公益事务的闫雯老师沟通后，作出了重要决定：第一，河南校友会要积极动

开会深入讨论救灾方案

员起来，参与这次抢险救灾；第二，在发动河南校友为灾区积极募捐的同时，接受广大外地校友捐助，并保证将其用好；第三，上述两项工作由校友会秘书处具体负责实施。长江商学院校友官方微信公众号（以下简称官微）连续 8 天播报长江校友组织、班级、校友和校友企业的捐助情况，对校友的捐助行为给予高度肯定并进行积极传播。

姚忠良同时表示，他的白象食品股份有限公司已经决定向这次抢险救灾行动捐助 500 万元现金及大量的物资，同时他以个人名义向河南校友会捐款 10 万元，用于这次抢险救灾。

紧接着，蔡芳新和陈肖纯两位执行会长也作出了同样的表示。

得到了指示的长江商学院河南校友会秘书处，马上行动起来。大家立马召开了线上会议，讨论两个议题：救灾怎么救？善款怎么用？大家各抒己见，最终达成一致：尽快向广大校友公开接收捐款的账号，用以接收大家的善款；马上启动灾后救援工作。

第一阶段，组建长江商学院河南校友会救援队，从一些校友企业抽调技术人员，购置抽水泵、发电机等设备，进行排水抢险。第二阶段，开展受灾地区的灾后救助，先给转移安置的受灾群众供应生活急需物资，再根据受灾情况，发放灾后救助资金和物资。

集结行动

关于组建救援队的通告在校友群里一经发出，大家纷纷响应。接龙的、转发的、捐物的、捐款的、协调人员的……每一位校友都在尽己所能，调动一切能用的资源。

当天晚上，校友会就筹措到各类抽水泵及配套设备 100 余台，其中李宗峰、彭金涛、宋志云、王磊、陈胜利、卢坤洁、赵政、周明军、王俊岭、王克明、胡秀洪等校友从各自企业内调配出工作人员 150 余名，分别组成 18 个救援小组，以及信息保障、物资采购、踏勘调研等后勤小组。

随后通过公众号、朋友圈、微信群向社会告知“长江商学院河南校友会救援队”成立的消息，同时信息组开始收集整理受灾严重的小区及单位资料。

7 月 22 日，奔向一线，抢险救灾

天刚刚亮，李宗峰的手机便响个不停，打开一看，全部都是求助信息。他赶紧通知所有救援队工作人员到集散点集合，根据收到的求助信息按需把 18 个救援小组分别派往受灾的小区及单位。

接下来，一场场抢险救援便紧张有序地展开了……

防汛抢险迫在眉睫，宋志云、王磊、彭金涛、赵政、胡秀洪等多位校友亲自带领救援小组奔赴抢险第一线。他们不仅在现场指挥协调，关键时刻还脱下鞋子、撸起裤腿、换上防水服和工作人员一起抬抽水泵、铺水管、装机器，竭尽全力用最短的时间把所有设备都安装到位，确保每一台机器都能正常运转。

救灾现场 1

作为救援队的总指挥，李宗峰没有一丝停歇，他时刻关注着各个救援小组的进展情况。在得知未来华庭小区地下车库受灾最为严重，加之内部环境复杂，抢险任务十分艰巨时，他便立刻赶赴现

场。看到里面已经全部被水淹没，水位几乎与路面一样高，便果断指挥救援小组采取多面布点、同时作业的方案。直至所有排水管都正常排水了，他才离开赶往下一个抢险现场。

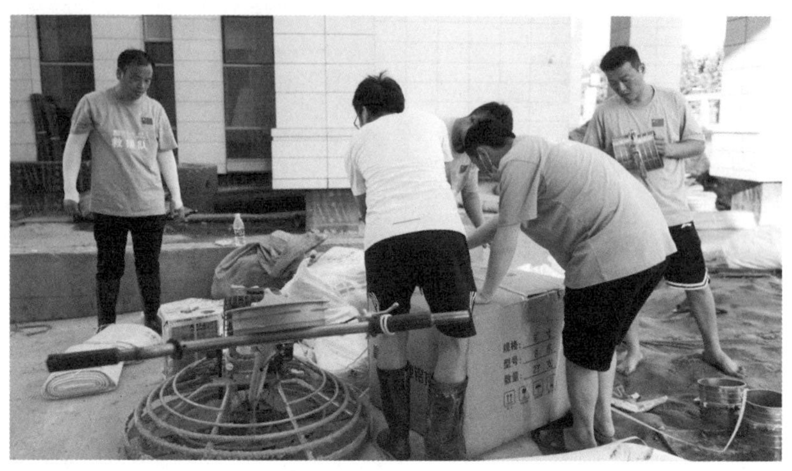

救灾现场 2

就这样，河南校友会救援队的全体人员连续奋战了 7 个日夜。

截至 7 月 28 日，长江商学院河南校友会共出动救援队 18 组，计 182 人，筹备抽水泵、发电机及配套器材 130 台，参与救援小区及单位 23 个。与此同时，整个郑州市的排涝抢险工作也基本告一段落，得到救助的小区及单位纷纷给救援队送来了锦旗，表达他们最真诚的谢意。

受助人送来锦旗

7 月 28 日，灾后救助，不停不歇

当天下午，校友会秘书处召开“抢险救灾专题会议”，大家对第一阶段的抢险救灾工作进行了总结，并确定下一阶段工作重心由抢险救援向灾后救助转移，同时制定了“精准、快捷、实用”的救助方针。届时，灾后救助工作以村为单位展开，对捐助对象要进行挨家挨户实地深入调研，了解他们的生活所需，有针对性地为其提供下一步的物资及经济援助。

会议结束后，校友会秘书处又继续投入到紧张有序的救助工作中。

接下来的几天，秘书长李宗峰，副会长王绍峥、周明军、刘德会，副秘书长宋德胜、彭金涛、宋志云、王磊等一行人分别赶赴登封市大冶镇、扶沟县曹里乡、新密市苟堂村、巩义市米河镇、鹤壁市浚县、安阳市滑县等受灾严重地区进行实地走访调研，并对当地部分灾民进行物资捐赠。为了更加方便地开展救助工作，校友会分别委托原籍在受灾地区的王绍峥、周明军、于松涛、张亚伟、张枭、苏本胜、孙国强七位同学代表校友会负责与各地政府部门对接、调查，以及物资、救助金发放等工作。

据李宗峰回忆，“7 月 29 日到登封市大冶镇调研那天，我们翻过泥泞的山路，来到垌头村，看见街道被洪水冲得破烂不堪，庄稼地也都被洪水淹没，很多房屋也被冲垮，村民们只能临时被安置在学校里，有家不能回……这些场景现在回想起来仍历历在目。”

调研灾后需求

为了能客观地评估灾情并准确地确定每户受灾群众的救助金标准，校友会秘书处抽调一些校友企业的工作人员组成志愿者服务小组，按照各村镇上报的受灾群众名单，挨家挨户登门入户调查拍照登记，如实记录灾害损失情况，汇总后报至秘书处，由秘书处集体讨论，再确定救助金标准。

与此同时，对转移安置受灾群众的生活保障救助也在紧锣密鼓地进行，7月27日灾区的道路一打通，校友会组织的一辆辆满载米、面、油、新鲜蔬菜和水果的货车就每天准时发往卫辉市、滑县、登封市的一些安置点，确保安置点的群众吃得好、吃得有营养。

救灾物资运抵河南

发放捐赠物资

刚进入8月份，一场突如其来的新冠肺炎疫情让河南又一次遭受打击，为救灾工作平添巨大难度，校友会及时调整工作思路，最大限度授权给疫区外面的校友们代表校友会继续参与救灾工作，确保了救助金及时准确地发放到受灾群众手里。

8月下旬，又一轮强降雨来临，气温骤降。郑州一解封，校友会就紧急定制了1000多套被褥，顶风冒雨直奔灾区，为身处卫河、贾鲁河泄洪区的受灾群众送去温暖。

当地老乡看到这些急需的物资，听到真心的鼓舞，都默默地流下了眼泪，激动地说："真的十分感谢长江商学院河南校友会，你们不但给我们灾后重建提供了保障，同时也带来了希望，让我们对未来更加充满信心。"被称为"会唱歌的村庄"的登封市垌头村村民们更是唱响了“团结就是力量”“没有共产党就没有新中国”。

总结：长江人有力量

在这场抗洪救灾中，长江商学院、长江商学院河南校友会以及各校友企业果断行动，全力参与。长江校友官微对长江人的驰援行动进行了 8 期持续播报。截至 8 月底，长江校友企业通过各种渠道向灾区捐赠资金和物资近 13 亿元。长江商学院河南校友会共陆续收到来自全球长江商学院校友组织、班级和个人的捐款 4828166.66 元。河南校友会第一时间成立“长江商学院河南校友会救援队”，包含 18 个救援小组，共计 182 人，购买抽水泵、发电机及配套器材 130 台用于救援工作，完成救援小区及单位共计 23 个，救援设备器材采购及救援支出共计 654875.19 元；同时向受灾地区救援机构捐赠皮划艇、抽水设备、发电设备、应急设备等救援保障物资 6 批，共计 1148325.90 元；为了尽快帮助灾区人民恢复生产、重建家园，根据调查的灾情制定捐助标准，向河南省 6 个受灾地区 1546 户灾民捐款 3018100 元灾后救助款。

包括长江人在内的各方救援和支持力量，让郑州市与河南其他各市很快开始恢复重建工作，一切都在向好。长江人的责任与担当，不断收获政府、媒体的高度赞扬。在河南省防汛救灾新闻发布会上，河南省应急管理厅党委委员、副厅长李长训专门谈到长江商学院的贡献：“汛情发生后，长江商学院向全国发出号召，长江商学院安徽校友会当天晚上就派人送出 3 台救援车到阜外医院，凌晨 2 点到达后就架起机器。这个事迹是非常感人的。”

附

长江商学院河南校友会
“7·20河南特大暴雨”抗洪救灾工作总结

2021年7月下旬，河南省郑州市及周边多地遭受罕见极端强降雨灾害，造成较大人员伤亡及经济损失，灾情牵动着每一位长江人的心。截至2021年8月10日，长江商学院河南校友会接收各地校友捐款4828166.66元。以下是长江商学院河南校友会抗洪救灾工作总结。

一、长江商学院河南校友会接收捐款情况

长江商学院河南校友会账户接收捐款4828166.66元，明细如下（排名不分先后）。

1. 各地校友会捐款

校友会	捐款金额（元）
广东校友会	100000.00
智能制造学会	200000.00
金融学会	200000.00
美西校友会	200000.00
湖北校友会	360000.00
陕西校友会	300000.00
北京校友会	460000.00
合计	1820000.00

2. 班级捐款

班级	捐款金额（元）
商业资本 3 期	50000.00
EMBA 28 期 4 班	118666.66
智能商业学堂首期	30000.00
东盟二期	100000.00
DBA 7 期	200000.00
EMBA 24 期河南籍同学	50000.00
FMBA 北京班狠人大爱队	15000.00
CEO 15 期	250000.00
EMBA 37 期拓展 20 队	50000.00
EMBA 37 期 5 班 9 队	50000.00
长江东盟首期班	100000.00
EMBA 30 期金刚五组	100000.00
合计	1113666.66

3. 河南校友捐款

河南校友（个人）		捐款金额（元）
EMBA 33 期	刘新庄	30000.00
FMBA 2020 级	魏　铮	5000.00
EMBA 7 期	白宇宙	2000.00
EMBA 12 期	姚忠良	100000.00
EMBA 32 期	胡秀洪	20000.00

续表

河南校友（个人）		捐款金额（元）
总裁 23 期	王豪杰	20000.00
EMBA 31 期	周明军	20000.00
CEO 12 期	陈肖纯	50000.00
EMBA 30 期	李宗峰	50000.00
EMBA 25 期	李建波	50000.00
DBA 4 期	蔡芳新	50000.00
总裁 22 期	刘德会	30000.00
EMBA 31 期	张再兴	10000.00
EMBA 16 期	李　勇	50000.00
EMBA 15 期	刘金林	20000.00
总裁 12 期	黄永灿	20000.00
EMBA 24 期	王明明	10000.00
EMBA 29 期	常坤玉	100000.00
EMBA 22 期	王尘晰	10000.00
EMBA 31 期	赵　政	20000.00
EMBA 32 期	王　磊	20000.00
EMBA 28 期	马志辉	50000.00
EMBA 30 期	杨秀加	10000.00
EMBA 37 期	王俊岭	20000.00
EMBA 37 期	路　阳	20000.00
EMBA 13 期	孙淑静	10000.00
EMBA 37 期	石洪玮	10000.00
EMBA 15 期	罗会军	20000.00
EMBA 34 期	于松涛	10000.00
总裁 24 期	方志远	10000.00

续表

河南校友（个人）		捐款金额（元）
EMBA 26 期	陶　蕾	10000.00
EMBA 22 期	林建红	2000.00
EMBA 27 期	胡万涛	10000.00
中原首期班	贾彦红	50000.00
中原首期班	张春阁	2000.00
中原首期班	何增杰	20000.00
中原首期班	王　辉	10000.00
合计		951000.00

4. 院长及各课程项目校友捐款

院长及各课程项目校友		捐款金额（元）
项兵院长及夫人林莉女士		50000.00
EE 2019 大健康首期	李　建	100000.00
FMBA 2020 级	陈　兰	10000.00
FMBA 2020 级	彭　博	500.00
DBA 7 期	王建军	200000.00
EMBA 24 期	杨希诚	10000.00
EMBA 37 期	朱维欣	20000.00
VC STAR 3 期 1 班	章寅锋	28000.00
EMBA 38 期	靳毛毛	10000.00
EMBA 37 期	何文源 / 余　乐（伉俪）	500000.00
EMBA 32 期	张克成	10000.00
FMBA 2020 级	于富豪	5000.00
合计		943500.00

二、河南校友会账户支出情况

1. 救援支出

2021 年 7 月 20 日以来，罕见暴雨不断在河南省内肆虐，多地村庄被淹、道路冲毁、人员伤亡，损失惨重。长江商学院河南校友会第一时间行动起来，成立“长江商学院河南校友会救援队”，其中包含 18 个救援小组，共计 182 人，并购买抽水泵、发电机及配套器材 130 台用于救援工作，完成救援小区及单位共计 23 个，完成的救援小区及单位分别为茉莉公馆、河南省公安厅特勤局家属院、金域上郡 1 号院、郑州航院龙子湖新校区、金域上郡 5 号院、郑州新合鑫观悦小区、高新锦和苑小区、正弘·蓝堡湾小区、河南省纪委家属院、长江路小学、正商华祥国际大厦、康桥东麓园项目、河南农大龙子湖新校区、未来华庭、瀚海晴宇小区、国投玖棟小区、河南溪山御府住宅小区、水木年华小区、德化新街小区、丹桂苑小区、隆福国际、清华华商项目、东赵村安置区。

救援设备器材采购及救援支出共计 654875.19 元。

2. 物资捐赠支出

从 2021 年 7 月 27 日开始采购蔬菜、水果发往新乡市、卫辉市、安阳市、登封市等灾区，截至 2021 年 9 月 10 日，长江商学院河南校友会向受灾地区救援机构捐赠皮划艇、抽水设备、发电设备、应急设备等救援保障物资 6 批；向安置区群众捐赠蔬菜 28 吨、水果 12 余吨，折叠床、防潮垫、军用被、方便食品、矿泉水、大米、挂面、食用油、长卷纸等生活物资12批；向在一线工作的救灾人员捐赠雨衣、雨鞋、铁锹等劳动保障物资10批，以及用于灾后防疫的消杀设备10批，床上用品（被褥、枕头、四件套）1100套。

物资援助（抢险设备器材/生活物资/床上用品）共计1148325.90元。

3. 灾后救助

2021年7月20日千年一遇的特大洪涝灾害给河南人民造成了巨大的生命及财产损失，由于许多村镇基础设施较差，损失相对较重。为了尽快帮助灾区人民恢复生产、重建家园，河南校友会紧急成立了灾区调研小分队，由秘书长和副秘书长分别带队，分为4个小组，共计26人，实地考察6个灾区并根据调查的灾情分级制定如下捐助标准。

市（县）	镇（乡、村）	灾后救助金明细
新密市	苟堂镇	3000元/户 ×124户=372000元 10000元/户 ×21户=210000元 共计：145户，582000元
登封市	大冶镇	3000元/户 ×24户=72000元 10000元/户 ×11户=110000元 共计：35户，182000元
巩义市	米河镇	3000元/户 ×46户=138000元 10000元/户 ×6户=60000元 共计：52户，198000元

续表

市（县）	镇（乡、村）	灾后救助金明细
浚县	郭新寨村	2000 元 / 户 ×297 户 =594000 元 3000 元 / 户 ×11 户 =33000 元 共计：308 户，627000 元
卫辉市	芦花新村	3000 元 / 户 ×89 户 =267000 元 共计：89 户，267000 元
	唐庄镇、上乐村镇等	2000 元 / 户 ×25 户 =50000 元 1600 元 / 户 ×65 户 =104000 元 1500 元 / 户 ×364 户 =546000 元 共计：454 户，700000 元
扶沟县	曹里乡	2000 元 / 户 ×70 户 =140000 元 1500 元 / 户 ×11 户 =16500 元 800 元 / 户 ×382 户 =305600 元 共计：463 户，462100 元
合计：1546 户，3018100 元		

截至 2021 年 9 月 9 日前共计支出 4821301.09 元，余额 6865.57 元将用于河南省内灾后重建援助。

三、长江商学院救援队一线作业排洪照片（部分）

四、物资捐赠现场照片（部分）

请讲普通话
长江商学院抗洪捐赠物资

学院抗洪捐赠物资

长江商学院抗洪捐赠物资

听党话 跟党
CKGSB
长江商学院河南校友会援助鹤壁市浚县灾后重建捐赠仪式

五、灾情入户调查（部分）

1. 新密市

<table>
<tr><td colspan="6">新密灾情入户调查表（2021-07-30）</td></tr>
<tr><td colspan="6">调查小组负责人：马逍　电话：186****0973</td></tr>
<tr><td>序号</td><td>户主姓名</td><td>房屋受损状况</td><td>财物受损状况</td><td>其他</td><td>备注</td></tr>
<tr><td>1</td><td>吕爱妮</td><td>1. 彩板房受损一间；2. 山体滑坡堆积主房顶、屋内有裂缝</td><td></td><td></td><td>付赛</td></tr>
<tr><td>说明</td><td colspan="5">1. 房屋受损状况以间为单位，注明平房或楼房，状况填写坍塌或受损情况；
2. 财物受损情况包括家电家具、牲畜（头）、车辆等；
3. 取图标准：横向拍摄，不少于 3 张，图片要清晰（房屋正面和侧面、受损部位）</td></tr>
<tr><td rowspan="2">房屋照片</td><td colspan="2">
</td><td>
</td><td colspan="2">
</td></tr>
<tr><td colspan="2">
</td><td>
</td><td colspan="2"></td></tr>
</table>

<table>
<tr><td colspan="6">新密灾情入户调查表（2021-07-30）</td></tr>
<tr><td colspan="6">调查小组负责人：马逍　电话：186****0973</td></tr>
<tr><td>序号</td><td>户主姓名</td><td>房屋受损状况</td><td>财物受损状况</td><td>其他</td><td>备注</td></tr>
<tr><td>1</td><td>李红★</td><td>平房三间因山体滑坡全部倒塌，现在家中一老一小无居住地</td><td></td><td>断代</td><td>付家门</td></tr>
<tr><td>说明</td><td colspan="5">1. 房屋受损状况以间为单位，注明平房或楼房，状况填写坍塌或受损情况；
2. 财物受损情况包括家电家具、牲畜（头）、车辆等；
3. 取图标准：横向拍摄，不少于 3 张，图片要清晰（房屋正面和侧面、受损部位）</td></tr>
<tr><td rowspan="2">房屋照片</td><td colspan="2"></td><td></td><td colspan="2"></td></tr>
<tr><td colspan="2"></td><td></td><td colspan="2"></td></tr>
</table>

<table>
<tr><td colspan="6">新密灾情入户调查表（2021-07-30）</td></tr>
<tr><td colspan="6">调查小组负责人：张志尧　电话：175****8908</td></tr>
<tr><td>序号</td><td>户主姓名</td><td>房屋受损状况</td><td>财物受损状况</td><td>其他</td><td>备注</td></tr>
<tr><td>1</td><td>郭娃</td><td>房屋沉降</td><td>电器、家具大部分受损</td><td>此户老人两位，几乎没有劳动力，靠馒头和矿泉水度日</td><td>杨寨沟（建议此户重点关注，持续跟进）</td></tr>
<tr><td>说明</td><td colspan="5">1. 房屋受损状况以间为单位，注明平房或楼房，状况填写坍塌或受损情况；
2. 财物受损情况包括家电家具、牲畜（头）、车辆等；
3. 取图标准：横向拍摄，不少于 3 张，图片要清晰（房屋正面和侧面、受损部位）</td></tr>
<tr><td rowspan="2">房屋照片</td><td colspan="2"></td><td></td><td colspan="2"></td></tr>
<tr><td colspan="2"></td><td></td><td colspan="2"></td></tr>
</table>

<table>
<tr><td colspan="6">新密灾情入户调查表（2021-07-30）</td></tr>
<tr><td colspan="6" align="right">调查小组负责人：马逍　电话：186****0973</td></tr>
<tr><td>序号</td><td>户主姓名</td><td>房屋受损状况</td><td>财物受损状况</td><td>其他</td><td>备注</td></tr>
<tr><td>1</td><td>刘枝</td><td>房屋倒塌（发生电火）</td><td></td><td>贫困户</td><td>樊沟</td></tr>
<tr><td>说明</td><td colspan="5">1. 房屋受损状况以间为单位，注明平房或楼房，状况填写坍塌或受损情况；
2. 财物受损情况包括家电家具、牲畜（头）、车辆等；
3. 取图标准：横向拍摄，不少于 3 张，图片要清晰（房屋正面和侧面、受损部位）</td></tr>
<tr><td rowspan="2">房屋照片</td><td> </td><td colspan="2"> </td><td colspan="2"> </td></tr>
<tr><td> </td><td colspan="2"> 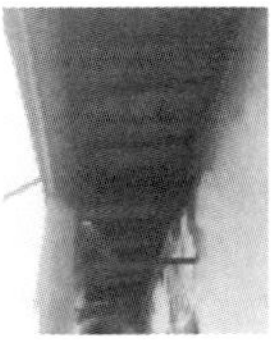</td><td colspan="2"></td></tr>
</table>

新密灾情入户调查表（2021-07-30）					
调查小组负责人：马逍　电话：186****0973					
序号	户主姓名	房屋受损状况	财物受损状况	其他	备注
1	朱发宝 ★	房屋受损 （危房）		残疾	小刘寨
说明	1. 房屋受损状况以间为单位，注明平房或楼房，状况填写坍塌或受损情况； 2. 财物受损情况包括家电家具、牲畜（头）、车辆等； 3. 取图标准：横向拍摄，不少于 3 张，图片要清晰（房屋正面和侧面、受损部位）				
房屋照片					

<table>
<tr><td colspan="6">新密灾情入户调查表（2021-07-30）</td></tr>
<tr><td colspan="6">调查小组负责人：马逍　电话：186****0973</td></tr>
<tr><td>序号</td><td>户主姓名</td><td>房屋受损状况</td><td>财物受损状况</td><td>其他</td><td>备注</td></tr>
<tr><td>1</td><td>乔辉军、乔金九</td><td>山体滑坡、道路冲毁；第二天镇上发回照片，乔金九一间砖房墙面坍塌；乔辉军砖房倒塌两间</td><td></td><td></td><td>付家门</td></tr>
<tr><td>说明</td><td colspan="5">1. 房屋受损状况以间为单位，注明平房或楼房，状况填写坍塌或受损情况；
2. 财物受损情况包括家电家具、牲畜（头）、车辆等；
3. 取图标准：横向拍摄，不少于 3 张，图片要清晰（房屋正面和侧面、受损部位）</td></tr>
<tr><td rowspan="2">房屋照片</td><td colspan="2"></td><td></td><td colspan="2"></td></tr>
<tr><td colspan="2"></td><td></td><td colspan="2"></td></tr>
</table>

2. 登封市

<table>
<tr><td colspan="6">登封灾情入户调查表（2021-07-31）</td></tr>
<tr><td colspan="3">塔湾村</td><td colspan="3">调查小组负责人：苏静　电话：158****2531</td></tr>
<tr><td>序号</td><td>户主姓名</td><td>房屋受损状况</td><td>财物受损状况</td><td>其他</td><td>备注</td></tr>
<tr><td>1</td><td>张战军</td><td>房屋倒塌，室内淤泥</td><td></td><td>老房子，无人居住</td><td>塔湾村</td></tr>
<tr><td>说明</td><td colspan="5">1. 房屋受损状况以间为单位，注明平房或楼房，状况填写坍塌或受损情况；
2. 财物受损情况包括家电家具、牲畜（头）、车辆等；
3. 取图标准：横向拍摄，不少于 3 张，图片要清晰（房屋正面和侧面、受损部位）</td></tr>
<tr><td>房屋照片</td><td colspan="2"></td><td colspan="3"></td></tr>
</table>

<table>
<tr><td colspan="6">登封灾情入户调查表（2021-07-31）</td></tr>
<tr><td colspan="3">垌头村</td><td colspan="3">调查小组负责人：苏静　电话：158****2531</td></tr>
<tr><td>序号</td><td>户主姓名</td><td>房屋受损状况</td><td>财物受损状况</td><td>其他</td><td>备注</td></tr>
<tr><td>1</td><td>雷铁生</td><td>房屋灌水，物品被淹</td><td></td><td>老房子，无人居住</td><td>垌头村</td></tr>
<tr><td>说明</td><td colspan="5">1. 房屋受损状况以间为单位，注明平房或楼房，状况填写坍塌或受损情况；
2. 财物受损情况包括家电家具、牲畜（头）、车辆等；
3. 取图标准：横向拍摄，不少于 3 张，图片要清晰（房屋正面和侧面、受损部位）</td></tr>
<tr><td>房屋照片</td><td colspan="2"></td><td></td><td colspan="2"></td></tr>
</table>

登封灾情入户调查表（2021-07-31）					
沁水村		调查小组负责人：杨永锋　电话：186****9425			
序号	户主姓名	房屋受损状况	财物受损状况	其他	备注
1	姜明房（江明芳）	院墙塌，房屋进水严重，家具、家电损坏严重			
说明	1. 房屋受损状况以间为单位，注明平房或楼房，状况填写坍塌或受损情况； 2. 财物受损情况包括家电家具、牲畜（头）、车辆等； 3. 取图标准：横向拍摄，不少于 3 张，图片要清晰（房屋正面和侧面、受损部位）				
房屋照片					

登封灾情入户调查表（2021-07-31）					
垌头村		调查小组负责人：苏静　电话：158****2531			
序号	户主姓名	房屋受损状况	财物受损状况	其他	备注
1	杨建民	房屋灌水，物品被淹，房屋有微裂缝			垌头村
说明	1. 房屋受损状况以间为单位，注明平房或楼房，状况填写坍塌或受损情况； 2. 财物受损情况包括家电家具、牲畜（头）、车辆等； 3. 取图标准：横向拍摄，不少于 3 张，图片要清晰（房屋正面和侧面、受损部位）				
房屋照片					

<table>
<tr><td colspan="6">登封灾情入户调查表（2021-07-31）</td></tr>
<tr><td colspan="2">东庄头村</td><td colspan="4">调查小组负责人：苏静　电话：158****2531</td></tr>
<tr><td>序号</td><td>户主姓名</td><td>房屋受损状况</td><td>财物受损状况</td><td>其他</td><td>备注</td></tr>
<tr><td>1</td><td>景春香</td><td>地基塌陷，房屋出现裂缝</td><td></td><td></td><td>东庄头村</td></tr>
<tr><td>说明</td><td colspan="5">1. 房屋受损状况以间为单位，注明平房或楼房，状况填写坍塌或受损情况；
2. 财物受损情况包括家电家具、牲畜（头）、车辆等；
3. 取图标准：横向拍摄，不少于 3 张，图片要清晰（房屋正面和侧面、受损部位）</td></tr>
<tr><td>房屋照片</td><td colspan="2"></td><td></td><td colspan="2">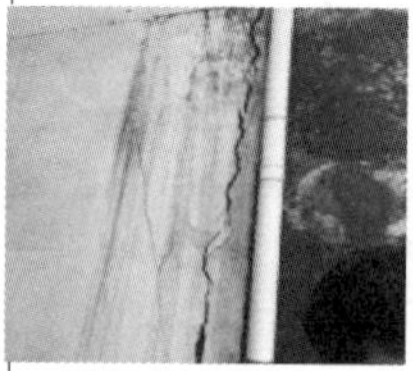</td></tr>
</table>

登封灾情入户调查表（2021-07-31）					
调查小组负责人：杨永锋　电话：186****9425					
序号	户主姓名	房屋受损状况	财物受损状况	其他	备注
1	刘小云	轻微进水			
说明	1. 房屋受损状况以间为单位，注明平房或楼房，状况填写坍塌或受损情况； 2. 财物受损情况包括家电家具、牲畜（头）、车辆等； 3. 取图标准：横向拍摄，不少于 3 张，图片要清晰（房屋正面和侧面、受损部位）				
房屋照片					

六、捐赠证书及受灾群众送锦旗、感谢信照片（部分）

郑州市郑东新区管理委员会

感谢信

长江商学院河南校友会：

2021年7月21日，受极端天气影响，郑州市遭遇历史罕见特大暴雨，两天一夜降雨量远超历史记录，降雨时间之长，雨量之大，为历史罕见，郭家咀水库、贾鲁河等全线超警戒水位。暴雨肆虐、道路被阻断、庄稼被淹没、房屋被侵蚀，群众生产生活受到极大影响，人民财产造成巨大损失。

家园有殇爱无疆，洪水无情人有情！在抗洪救灾的关键时刻，广大救援队伍火速驰援各个受灾点，在极其艰苦的条件下，以踏石留印的作风，以事不过夜的效率，不顾个人安危，不计个人得失，全力投入救灾工作，让大爱光芒在洪峰浪尖熠熠生辉，为受灾群众早日恢复生产生活作出了巨大贡献。这种不怕吃苦、甘于奉献的精神生动阐释了一方有难、八方支援的大爱精神，彰显了中国特色社会主义制度显著优势，体现了中华民族大家庭的相互关怀，也必将进一步激发郑州人民齐心协力、共克时艰，打赢防汛救灾硬仗的信心和斗志！在此，谨代表郑东新区管委会，向前来救援的队伍和爱心人士表示诚挚谢意，并致以崇高的敬意！

艰难方显勇毅，磨砺始得玉成。当前所要面临的各项防灾救灾任务还十分严重，恢复生产刻不容缓，重建家园任重道远。但我们坚信，在党工委的坚强领导下，在各级各部门的竭诚关心下，在社会各界的帮助下，我们一定能够取得抗洪救灾和经济社会发展双胜利，郑东新区的明天一定更加美好！郑州的发展一定更加繁荣！

郑州市郑东新区管理委员会

2021年7月27日

感谢信

长江商学院河南校友会：

近日来，我县遭受到百年不遇的暴雨洪涝灾害，致使部分村庄、农田被淹，群众生活受到影响，防汛情形势严峻，按照党和政府的决策部署，广大干部群众恪职尽守、不畏艰辛，义无反顾的坚守在防汛的第一线。

家园有殇爱无疆，洪水无情人有情！我县的灾情牵动着您们的心，在防汛救灾的重要时刻，千里之外的您们伸出了援助之手，给予了我们大力支持，坚定了我们抗灾救灾的信心和决心。在此，谨代表全县受灾群众和奋战在防汛一线的广大干部，向您们表示衷心的感谢，并致以崇高的敬意！

历经磨难，我们更加坚强。当前，全县各项灾后恢复和重建工作正在有条不紊地进行，我们坚信在上级党委、政府的坚强领导和亲切关怀下，在心系滑县的您们倾情关注和鼎力支持下，全县干部群众万众一心、艰苦奋斗，我们一定能够夺取抗洪救灾、重建家园的全面胜利！

再次表示衷心的感谢，祝福大家身体健康、万事如意！祝贵单位事业有成，再创佳绩！

河南省滑县防汛抗旱指挥部

河南省滑县粮食和物资储备中心

2021年8月2日

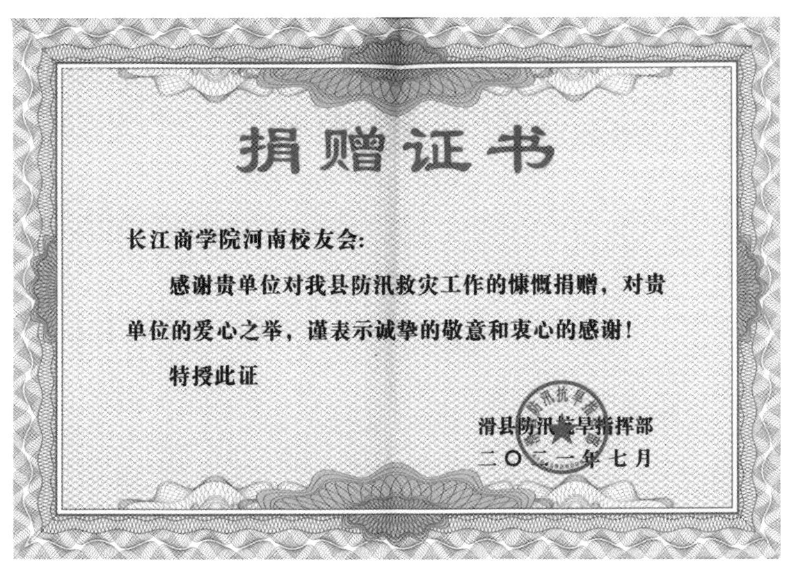

捐赠证书

长江商学院河南校友会:

感谢贵单位对我县防汛救灾工作的慷慨捐赠，对贵单位的爱心之举，谨表示诚挚的敬意和衷心的感谢！

特授此证

滑县防汛抗旱指挥部

二〇二一年七月

衷心感谢长江商学院、各位长江校友、各校友组织对河南受灾民众的爱心捐赠及大爱援助！受河南疫情影响，长江商学院河南校友会将在做好防疫工作的同时，继续推进各项援助工作，争取为河南早日完成灾后重建工作作出积极贡献。

无公益，不长江！众志成城，患难“豫”共！

感恩全体长江人的责任与担当！

案例点评

长江商学院河南校友救灾的事迹，可歌可泣！首先要感激的是长江商学院河南校友会的李宗峰秘书长，他有着极高的社会责任感！他清晰地意识到，大灾面前，救援不能缺席！正是他的觉悟，他的及时沟通与协调，使得校友会开始了有组织性的救援行动。校友会的会长们更是以身作则，姚忠良会长立即决定捐助 500 万元现金及大量的物资，同时他以个人名义向河南校友会捐助 10 万元，用于这次抢险救灾，而蔡芳新和陈肖纯两位执行会长也立即作出同样的表示，众多校友们及时响应，这种示范，是一种可贵的公益品格！是大灾面前的勇于担当精神！

需要特别强调的是，这次河南洪灾，形势极为特殊！2021 年 7 月 20 日下午下班前的一个小时突然在郑州城区降下特大暴雨，一百多个“西湖”从天而降，对于整个社会是一个极大的考验。但是，在民族和社会灾难面前，往往是志士仁人勇于承担，展现卓越的行动力和奉献精神，从而促成及时而有效的救援，使得危机化为生生不灭的转机。河南洪灾面前，长江校友的多方面投入与奉献，展现了长江公益精神，更体现了中华民族的奋斗精神！这是有担当精神的企业家，也是有情怀的校友。

看到这样的数据，更让人感受到长江商学院教育的成就：2021 年 8 月底，长江校友企业通过各种渠道向灾区捐赠资金和物资近 13 亿元。河南校友会共陆续收到来自全球长江商学院校友组织、班级和个人的捐款 4828166.66 万元。这就是长江人！在大灾面前，大家又一次给出了合格的答卷！

作为一个河南人，我要向各位的奉献表示衷心的感谢！

而作为一个长江校友，我更为我们的同学感到骄傲！

王振耀（北京师范大学中国公益研究院院长）